Maple V

en classes prépas

Philippe RAMBACH
Ancien élève de l'École Polytechnique
Professeur d'informatique en Mathématiques Supérieures
au Lycée Hoche, Versailles

ellipses

ISBN 2-7298-9835-2

Avant-propos

Présentation

Ce livre couvre l'ensemble du programme d'informatique des classes préparatoires. Le logiciel de calcul formel retenu est le logiciel Maple version 5.

L'étude de ce livre, même sans disposer d'un ordinateur, doit permettre à un lecteur attentif de maîtriser l'ensemble du programme. Les deux parties du programme officiel sont traitées :

- L'utilisation de Maple en tant que logiciel de calcul formel.
- Une introduction à l'informatique en tant que discipline.

Mode d'emploi de ce livre

Il est nécessaire de commencer par étudier les quatre premiers chapitres qui donnent les connaissances de base pour travailler avec Maple.

Le chapitre 5 établit les règles de base de la programmation sous Maple. Sa lecture est un préalable absolument nécessaire à toute étude de programmes.

Les chapitre 6 à 11 peuvent être lus dans n'importe quel ordre. Ils sont toujours en deux parties. La première partie montre les outils disponibles sous Maple pour traiter la question centrale du chapitre (intégration, résolution d'équations, etc.). La seconde partie est un exercice de programmation. Pour chacun de ces exercices de programmation seules les instructions de base sont autorisées, leur but étant une initiation à l'algorithmique.

Le chapitre 12 est plus particulier. C'est un exemple de calcul assisté par Maple. On y étudie les oscillations d'un métronome.

Le chapitre 13 explique comment utiliser l'aide intégrée de Maple.

Le chapitre 14 est destiné, essentiellement, à être utilisé une fois la lecture de ce livre terminée. C'est en effet une synthèse de l'essentiel de Maple à laquelle vous pourrez vous référer pour trouver une information rapidement.

Si vous disposez d'un ordinateur, et d'une version de Maple n'hésitez pas à essayer les diverses instructions présentées, les diverses procédures écrites. Cela vous aidera à assimiler les informations de ce livre.

Je voudrais remercier ici Jérôme Brochard et Étienne Rambach pour leurs relectures attentives et leurs conseils.

Table des matières

Chapitre 1
Présentation de Maple

1. L'interface graphique

1.1 Description globale

L'interface graphique de Maple, utilisé sur un PC ou sur un Macintosh se présente ainsi :

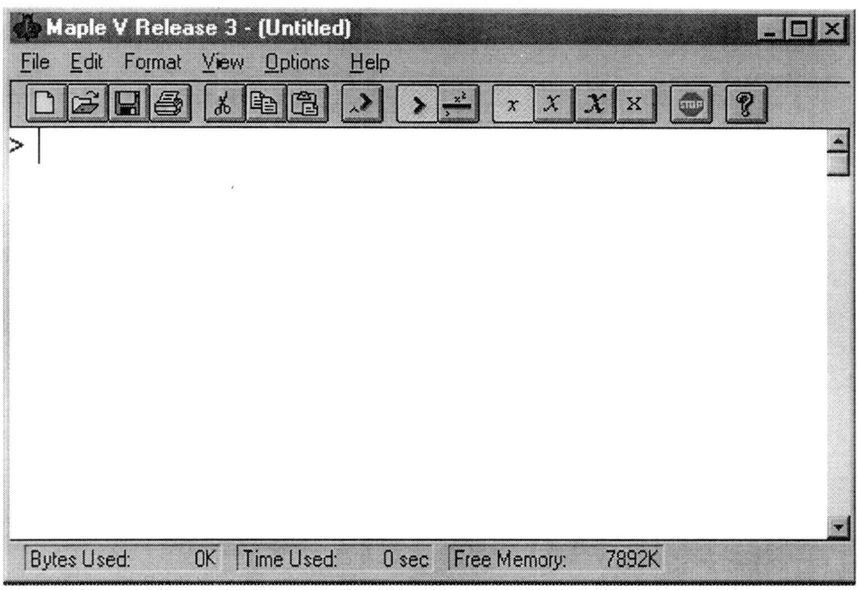

De même que l'interface de tout logiciel, elle peut se décomposer en deux parties principales :

– La barre de menu (la barre où se trouvent les mots File, Edit, etc.) ;

– La feuille de calcul (la feuille blanche qui commence par le signe >).

La feuille de calcul est l'endroit où vous saisirez les instructions que Maple devra exécuter. Les règles de base de son utilisation seront étudiées au paragraphe 2, "Les règles de base de l'utilisation de Maple" page 9.

1.2 Description de la barre de menus

Les différentes options de la barre de menus de Maple sont regroupées sous cinq titres : File, Edit, Format, View, Options et Help.

Pour accéder à ces menus, il suffit de cliquer sur le nom considéré ou de presser simultanément la touche alt et la lettre soulignée dans chacun de ces cinq mots.

1.2.1 Le menu File

New : permet d'ouvrir une nouvelle session. Sous Maple 5.3, une seule session peut être ouverte. Sous Maple 5.4, il est possible d'avoir plusieurs sessions ouvertes simultanément.

Save : permet d'enregistrer la session courante sur le disque dur ou sur une disquette.

Save as : permet d'enregistrer la session courante sous un nouveau nom.

Print : permet d'imprimer la session courante.

1.2.2 Le menu Edit

Cut : efface et copie dans le presse-papiers (afin de pouvoir le coller ensuite) ce que vous avez sélectionné dans votre feuille.

Copy : copie dans le presse-papiers ce que vous aviez sélectionné dans votre feuille.

Paste : insère le contenu du presse-papiers à la position courante du curseur.

1.2.3 Le menu Format

Text region : permet de passer en mode texte pour taper des commentaires que Maple n'analysera pas comme des commandes.

Split group : permet de séparer deux instructions qui étaient groupées (il était impossible d'exécuter l'une sans exécuter l'autre).

Join group : permet de regrouper deux instructions qui seront alors nécessairement exécutées ensembles.

Remove all : permet de supprimer sélectivement, tous les input (vos instructions), tous les outputs (les réponses de Maple), tous les commentaires ou tous les graphiques.

Execute worksheet : fait exécuter à Maple l'ensemble des instructions de la session.

1.2.4 Le menu View

Ce menu permet de choisir entre l'affichage, ou non, de différentes informations, comme le prompt (>), la barre inférieure où sont indiquées, la mémoire disponible, le temps utilisé, etc.

1.2.5 Le menu Options

A notre niveau d'utilisation de Maple, nous n'utiliserons pas ce menu.

1.2.6 Le menu Help

Ce menu sera étudié en détail dans le chapitre spécifique sur l'utilisation de l'aide (Chapitre 12, page 125).

2. Les règles de base de l'utilisation de Maple

Quand vous démarrez une nouvelle de session Maple, la feuille de calcul est entièrement vierge. Il ne s'y trouve que le signe >. Il est possible qu'à la place de ce > vous ayez STUDENT>. Cela signifie simplement que la version de Maple sur laquelle vous travaillez est une version "étudiant" un peu bridée par rapport à la version professionnelle.

Ce signe est ce que l'on appelle un prompt. C'est après ce signe que vous pouvez taper les diverses instructions Maple que nous allons découvrir ensemble. La présence de ce prompt indique que Maple est prêt et attend que vous frappiez une instruction. Le curseur clignotant indique l'endroit où va s'effectuer la frappe. Vous pouvez le déplacer à l'aide des touches marquées d'une flèche ou en cliquant avec la souris à l'endroit où vous voulez le déplacer.

Maple fonctionne de manière interactive directe : l'utilisateur pose une question (en langage technique on dit qu'il "tape une instruction") et Maple répond.

Après affichage du prompt, on peut donc taper une instruction Maple. Cette instruction doit être tapée selon certaines règles (en langage technique, on dit qu'elle doit respecter la syntaxe Maple) afin que Maple puisse la comprendre. Une fois l'instruction tapée, il faut appuyer sur la touche enter pour la valider afin que Maple l'exécute.

Prenons quelque exemples pour voir apparaître les règles essentielles :

Commençons par quelque chose de simple :

```
>3*4;
12
```

Toute instruction Maple doit se terminer par un ; . Si on omet le ; Maple n'exécute pas l'instruction. En effet il est possible de taper des instructions sur plusieurs lignes. Le calcul précédent aurait pu s'écrire aussi comme cela :

```
>3
>*4
>;
12
```

Donc, une fois qu'une instruction a été tapée et validée (en appuyant sur la touche enter), Maple l'analyse et s'il ne trouve pas de; il attends tout simplement la suite !

Remarquons tout de suite que selon toute probabilité, l'oubli du ; sera source de 99% de vos erreurs.

Il n'est pas tout à fait vrai que toute instruction Maple se termine par un; . Il est possible de le remplacer par un :. Alors Maple exécute l'instruction de la même manière mais n'affiche pas le résultat. Si vous tapez :

```
>3*4:
```

Maple calcule 12 mais ne l'affiche pas à l'écran. Dans ce cas particulier, l'intérêt de cette manipulation est limité mais cela peut être utile quand on veut faire exécuter un calcul intermédiaire dont le résultat est sans intérêt. Nous en verrons des exemples dans la suite.

Il est possible de rappeler le dernier résultat par l'instruction ", l'avant dernier par "" et l'antépénultième par """. Ainsi on peut avoir la suite d'instructions suivante :

```
>(3+2)*2;
10;
>"*4;
40;
>""/2;
5;
```

Cependant, même si ces raccourcis peuvent sembler très séduisants, il importe d'être prudent lors de leur utilisation. Maple est un logiciel à interface graphique, ce qui signifie que l'on peut se "promener" comme on le souhaite dans la feuille de calcul. Il suffit en effet de cliquer sur une ligne de la feuille pour s'y retrouver et pour pouvoir la modifier ou y rajouter des choses. Pour que Maple prenne en compte ces modifications, il faut valider cette ligne (en appuyant sur enter alors que le curseur est présent à l'intérieur de cette ligne). Notons que pour Maple, l'important n'est pas l'ordre d'écriture des lignes mais l'ordre de validation. ", "", ne renvoient donc pas aux résultats de la ligne précédente et de l'avant dernière ligne, mais au dernier et à l'avant dernier résultat calculé.

Remarquons aussi que pour réutiliser un résultat, il est aussi facile et parfois plus clair de réaliser un "copier-coller" familier aux usagers d'un traitement de texte. Il suffit de sélectionner la partie de la feuille à reproduire, de la copier (Edit, copy) et de la coller (Edit, paste).

Nous n'avons demandé, jusqu'à maintenant, à Maple que des instructions de calcul extrêmement simples. Ces calculs s'écrivent de manière complètement intuitives ("comme à la main"), en utilisant les symboles et notations habituelles. Il existe cependant des instructions composées pour réaliser des calculs plus compliqués. Nous les verrons les unes après les autres dans la suite, mais établissons dès maintenant un peu de vocabulaire et de règles de syntaxe.

Calculons donc $\int_{x=1}^{x=2} x\,dx$:

```
>int(x,x=1..2);
3/2
```

Décomposons l'instruction utilisée pour calculer cette intégrale. Le nom de cette instruction est int. L'instruction int a besoin d'un certain nombre de renseignements pour fonctionner : la fonction à intégrer et les bornes. Ces renseignements sont appelés les arguments ou paramètres de la fonction et sont toujours placés entre parenthèses, séparés par des virgules. Il n'y a pas d'espaces et il faut faire attention aux majuscules : Maple est "case-sensitive", Int est différent de int et de INt ou de INT. La syntaxe générale d'une instruction composée est donc :

nom_de_la_fonction(argument_1,argument_2,...,argument_n).

Nous avons vu les règles essentielles pour l'utilisation directe de Maple. Il existe en effet un deuxième mode d'utilisation, le mode programmation que nous étudierons plus tard.

Rappelons en les règles essentielles :

- Toute instruction Maple se termine par un ;
- La règle générale est l'absence d'espaces lors de la saisie d'une instruction. (absence rappelée par l'utilisation du signe _ dans ce livre).

Chapitre 2
Maple comme super calculatrice

1. Calcul numérique et calcul formel

Comme cela a été dit dans l'introduction de cet ouvrage, Maple est un logiciel de calcul numérique et formel. Que signifient donc ces deux termes un peu abstraits ?

1.1 Le calcul numérique

Faire du calcul numérique, c'est faire du calcul sur des nombres. Calculer 2+3=5, c'est faire du calcul numérique. Maple est donc conçu entre autre pour faire du calcul numérique avec une très grande précision. Prenons un exemple tout simple, vous êtes-vous jamais demandé quel pouvait bien être le 43ème chiffre de 100!, ou bien la valeur de la 253ème décimale de Pi :

```
>100 !;

93326215443944152681699238856266700490715968264381621468592963
89521759999322991560894146397615651828625369792082722375825 1
185210916864000000000000000000000000

>evalf(Pi,254);

3.14159265358979323846264338327950288419716939937510582097494
4592307816406286208998628034825342117068
```

Ces calculs sont exacts, leur taille n'est limitée que par la puissance de la machine sur laquelle vous travaillez.

Au delà de l'aspect un peu caricatural de cette extrême précision, les possibilités de calcul numérique de Maple permettent de réaliser extrêmement rapidement des opérations très fastidieuses à la main. On peut ainsi, par exemple, inverser très facilement des matrices de grande dimension :

Une matrice 5*5 :

>A:=randmatrix(5,5);

$$\begin{bmatrix} -85 & -55 & -37 & -35 & 97 \\ 50 & 79 & 56 & 49 & 63 \\ 57 & -59 & 45 & -8 & -93 \\ 92 & 43 & -62 & 77 & 66 \\ 54 & -5 & 99 & -61 & -50 \end{bmatrix}$$

et son inverse numérique :

>evalf(evalm (A**(-1));

$$\begin{bmatrix} 0.00616 & -0.00037 & 0.000211 & 0.00878 & 0.00773 \\ -0.00856 & -0.00252 & -0.0131 & -0.000630 & 0.00380 \\ 0.00308 & 0.0107 & 0.00711 & -0.00624 & -0.00196 \\ 0.000290 & 0.0114 & 0.0127 & -0.00491 & -0.0152 \\ 0.00727 & 0.00354 & 0.0000553 & 0.000318 & 0.00268 \end{bmatrix}$$

1.2 Le calcul formel

Faire du calcul formel, ce n'est plus faire du calcul sur des nombres comme précédemment mais sur des inconnues, sur des "lettres". C'est ce que vous faîtes couramment depuis le collège. Dire que 2*a+3*a=5*a, c'est faire du calcul formel, de même que dire $\int x dx = \frac{1}{2}x^2$.

Autant il existe de nombreux logiciels capable de rivaliser avec Maple pour le calcul numérique, autant Maple est d'une puissance exceptionnelle en calcul formel, domaine qui requiert des méthodes beaucoup plus complexes que le calcul numérique. Ces deux types de calcul, cependant, sont encore aujourd'hui objet de recherche.

Utiliser Maple pour calculer 2a+3a n'est peut-être pas nécessaire ! Voici cependant quelques exemples de calcul formel, extrêmement pénibles à la main dont Maple se tire très bien :

Calculons donc le développement limité de tan(x) en 0 à l'ordre 7 (voilà qui devrait réveiller quelques souvenirs pénibles chez certains ...) :

>taylor(tan(x),x=0,7);

$$x + \frac{1}{3}x^3 + \frac{2}{15}x^5 + O(x^7)$$

Ou bien la linéarisation de cos (10*x) :

>expand(cos(10*x));

$$512\cos(x)^{10} - 1280\cos(x)^8 + 1120\cos(x)^6 - 400\cos(x)^4 + 50\cos(x)^2 + 1$$

Nous allons maintenant voir l'essentiel des instructions Maple pour travailler dans Z, Q, R et C.

Voyons d'abord les instructions permettant d'effectuer les opérations de base (addition, multiplication, etc.). Ces instructions resteront valables pour tous les autres objets mathématiques (polynômes, réels, complexes, etc.).

Ainsi l'addition, la multiplication la soustraction et la division de deux entiers (ou deux réels, ou deux complexes etc.) s'effectue de la manière suivante :

>3+8;

11

>5*4;

20

>24-7;

17

>6/4;

$\frac{3}{2}$ [1]

L'élévation à une puissance peut s'écrire de deux manières différentes, soit en répétant deux fois le signe de multiplication : **, soit en utilisant l'accent circonflexe ^. Ne vous étonnez pas si rien n'apparaît à l'écran lorsque vous tapez ^, le signe apparaîtra lorsque vous aurez tapé le signe suivant.

>2**5;

32

>2^6;

64

Les règles de priorité usuelles s'appliquent. L'usage des parenthèses respecte les conventions mathématiques habituelles :

>(2+4*3)-16*(3-4);

30

[1] Nous verrons dans le paragraphe "Quelques fonctions utiles pour manipuler les réels" (page 17) comment en obtenir la valeur décimale. Maple, afin d'effectuer des calculs exacts préfère garder la valeur exacte plutôt que la valeur décimale généralement approchée.

Notez cependant que le signe * est toujours obligatoire et ne peut pas être intuité par Maple. Maple ne comprendrait pas 16(3-4).

2. Quelques fonctions utiles pour manipuler les entiers

abs(n)

Cette fonction (qui s'applique aussi dans Q, R et C) renvoie la valeur absolue de son argument n.

```
>abs(-4);
4
```

n!

Cette fonction calcule la factorielle de n. (n!=n*(n-1)*(n-2)...*3*2*1).

```
>5!;
120
```

ifactor(n)

Cette fonction, très rapide, donne la décomposition de n en facteurs premiers.

>ifactor(1998);

$(2)(3)^3(37)$

irem(a,b)

Cette fonction renvoie le reste de la division entière de a par b.

```
>irem(5,2);
1
```

iquo(a,b)

Cette fonction renvoie le quotient de la division entière de a par b.

```
>iquo(5,2)
2
```

3. Quelques fonctions utiles pour manipuler les rationnels

Maple peut s'avérer extrêmement utile pour réaliser des calculs dans Q. En effet, Maple calcule de manière exacte. Si vous lui demandez donc d'ajouter deux rationnels, il vous donnera non pas une valeur décimale approchée du résultat, mais le résultat exact sous forme fractionnaire :

```
>354/1279+231/17;
```

$$\frac{301467}{21743}$$

numer(q)

Cette fonction renvoie le numérateur de q.

```
>numer(2/3);
```

2

denom(q)

Cette fonction renvoie le dénominateur de q

```
>denom(2/3);
```

3

4. Quelques fonctions utiles pour manipuler les réels

Là encore, Maple calcule de manière exacte, ce qui peut surprendre parfois. Essayons par exemple de calculer la racine carrée de deux (la fonction racine carrée s'écrit sqrt) :

```
>sqrt(2);
```

$\sqrt{2}$

Maple conserve $\sqrt{2}$ afin de garder une précision maximum pour la suite des calculs. Imaginons, en effet que cette valeur soit, par exemple, élevée à la puissance deux ensuite. Maple trouvera exactement deux et pas 1.9999999989 puisque l'objet qu'il aura élevé au carré était "racine carrée de 2" et pas 1.414...

Il est cependant bien sûr possible de lui demander une valeur approchée. L'instruction qu'il faut alors utiliser est l'instruction evalf (acronyme pour evaluate as a float, float signifiant réel en anglais). Cette instruction est bien sûr très utilisée parce qu'un résultat décimal est souvent beaucoup plus lisible qu'un résultat sous forme exacte.

evalf(r,n)

Renvoie une valeur approchée de r avec n chiffres (et malheureusement pas n décimales).

```
>evalf(sqrt(2),4);
1.414
```

Maple travaille dans $\overline{R}$. $\overline{R}$ est l'ensemble constitué par R auquel on a rajouté deux nombres comme les autres (ou presque...) $+\infty$ et $-\infty$. Un troisième nombre couramment utilisé est le nombre π. Voyons comment s'écrivent ces trois nombres en langage Maple :

π s'écrit Pi (attention à la majuscule), $+\infty$ s'écrit infinity et $-\infty$ s'écrit -infinity. Notez que ces trois écritures sont la manière pour l'utilisateur de saisir ces trois nombres. Maple, lui, les écrit bien π, $+\infty$ et $-\infty$. Nous aurons souvent l'occasion dans ce livre de réutiliser ces notations.

Si l'on veut avoir les 10 premières décimales de Pi, on peut donc écrire :

```
>evalf(Pi,11);
3,141592654
```

5. Quelques fonctions utiles pour manipuler les complexes

La première chose à savoir avant de réaliser des calculs dans C est de savoir comment s'écrit un complexe. Le nombre imaginaire i telle que $i^2=-1$ se note I (i majuscule) sous Maple. Comme d'habitude, la majuscule est obligatoire. Pour écrire un complexe valant a+ib, vous écririez donc :

```
>a+I*b;
a+Ib
```

Le signe * est lui aussi obligatoire. Maple croirait en son absence que vous utilisez une variable nommé Ib, et non pas la variable b multipliée par le complexe I.

L'instruction essentielle, peut-être la plus utile, pour manipuler les complexes est l'instruction evalc (acronyme pour evaluate as a complex).

evalc(complexe)

Cette fonction met tout nombre complexe sous la forme a+I*b ou a et b sont la partie réelle et la partie imaginaire du complexe considéré. Cette fonction est d'autant plus utile qu'elle est utilisée conjointement avec les possibilités de calcul formel de Maple. Prenons un exemple :

```
>evalc((a+I*b)/(c+I*d));
```

$$\frac{ac}{c^2+d^2}+\frac{bd}{c^2+d^2}+I\left(\frac{bc}{c^2+d^2}-\frac{ad}{c^2+d^2}\right)$$

Une telle fonction est extrêmement utile pour calculer, par exemple, des fonctions de transfert d'un circuit avec un amplificateur opérationnel. Souvenez-vous des pages de calcul dans vos devoirs d'électricité pour ramener d'énormes fonctions de transfert sous forme canonique afin de pouvoir les étudier. Ces pages seraient transformées en une seule instruction Maple !

Les autres fonctions usuelles pour manipuler les complexes sont les suivantes :

Im(z) et Re(z)

Renvoie respectivement la partie imaginaire et la partie réelle de z (Attention aux majuscules !) :

```
>Im(3+2*I);Re(3+2*I);
3, 2
```

abs(z)

Renvoie la norme de z :

```
>abs(3+4*I);
5
```

conjugate(z)

Renvoie le conjugué de z :

```
>conjugate(3+4*I);
3-4*I
```

6. La fonction assume

Maple suppose de manière générale que les variables que vous manipulez sont des complexes. Ainsi si on demande la partie réelle de a+I*b on aura le résultat suivant :

```
>Re(a+I*b);
R(a)-I(b)
```

Maple nous a donc répondu que la partie réelle de a+I*b est la partie réelle de a moins la partie imaginaire de b.

Il est possible de faire des hypothèses sur des variables avec Maple en utilisant la fonction assume dont la syntaxe est la suivante :

assume(variable,propriété)

Ainsi, pour supposer a et b réels on fera :

```
>assume(a,real);assume(b,real);
>Re(a+I*b);
a~
```

Maple écrit a~ (et non pas a) pour que l'utilisateur se rappelle bien qu'il a fait des hypothèses sur a. L'utilisateur continue lui d'écrire a. Les différentes hypothèses possibles sont :

- posint: entier positif ;
- negint: entier négatif ;
- integer: entier ;
- even: pair ;
- odd: impair ;
- real: réel ;
- a>0, a<0: réel positif, négatif.

7. Calculer des sommes et des produits

Maple dispose de deux outils faciles d'utilisation pour calculer automatiquement des sommes et des produits, Le calcul de sommes se réalise avec l'instruction sum, celui de produits avec l'instruction product.

La syntaxe générale de l'instruction sum est la suivante :

```
sum(f(k),k=a..b)
```

Cette instruction calcule $\sum_{k=a}^{b} f(k)$.

Prenons un premier exemple :

```
>sum(k,k=1..4);
10
```

Mais, Maple peut faire bien mieux en utilisant les possibilités du calcul formel :

```
>sum(k,k=1..n);
```

$$\frac{n^2}{2}+\frac{n}{2}$$

où l'on reconnaît la célèbre formule n(n+1)/2. Et contrairement à ce que vous pensez peut-être, Maple a réellement calculé cette formule ; il ne la connaissait pas "d'avance".

Et maintenant, encore plus fort, il est possible de faire calculer à Maple des séries convergentes :

```
>sum(1/k^2,k=1..infinity);
```

$$\frac{\pi^2}{6}$$

Naturellement, Maple ne parviendra pas toujours à réaliser de tels calculs, mais il dispose d'algorithmes de calcul qui lui permettent de résoudre nombre de ces calculs.

Pour calculer des produits, la fonction à utiliser est la fonction product qui s'utilise de la même manière :

```
product(f(k),k=a..b)
```

qui calcule $\prod_{k=a}^{k=b} f(k)$

```
>product(k,k=1..3);
6
```

Notez que pour la première fois nous avons utilisé la notation .. C'est la notation usuelle pour désigner en intervalle en langage Maple. [a,b] se note, en général, a..b

Chapitre 3

Variables, expressions, fonctions

1. Les variables

La notion de variable est une des notions les plus importantes dans l'usage d'un outil informatique comme Maple. Utiliser une variable, c'est essentiellement donner un nom (x, y, toto, ...) à un objet mathématique pouvant prendre différentes valeurs. Soit ces valeurs sont explicites et on utilisera alors des variables affectées, soit ces valeurs ne le sont pas et on utilisera des variables non affectées.

1.1 Variables affectées

Utiliser une variable affectée, c'est tout simplement et uniquement donner un nom à un objet mathématique explicitement défini. Pour expliciter un petit peu cette définition assez absconse, prenons un exemple :

```
>x:=4;
x:=4
```

Qu'avons nous fait avec cette instruction ? Nous avons dit à Maple, dorénavant, chaque fois que tu verras la variable x dans une instruction, tu la remplaceras par sa valeur, 4. Maple nous répond qu'il a bien compris notre instruction et que maintenant, x vaut quatre.

L'instruction qui permet d'affecter une valeur à une variable est donc l'instruction ' :=' dont la syntaxe est la suivante :

```
variable:=valeur
```

Faites attention au : qui précède le signe =, l'oubli de ce : sera, a priori, à la source de 99,9% des 0,1% d'erreurs qui demeureront après avoir rajouté tous les; oubliés en fin de ligne !

Vous vous demandez peut-être pourquoi les concepteurs de Maple ont utilisé := et pas tout bêtement =. En fait, le signe = est réservé, comme nous ne verrons dans la suite, aux instructions de comparaison. Si vous tapez x=4;, Maple essaiera de comparer x et 4.

Continuons donc nos essais :

```
>x**2 ;
16
```

Maple a lu l'instruction x**2, il a remplacé x par 4 et a effectué les calculs nous répondant ainsi 16.

Dorénavant, dans toute la suite de la feuille de calcul, à chaque fois que Maple verra apparaître x, il la remplacera par la valeur 4. Mais il est bien sûr possible de changer la valeur de x en lui réaffectant une nouvelle valeur :

```
>x:=6 ;
x:=6
```

Dorénavant, x vaut 6.

```
>2*x+x/2;
15 ;
>x:=evalf(316/100,3) ;
x:=3.16 ;
```

Dorénavant, x vaut 3.16

```
>x**3 ;
31.554496
```

Dans une variable affectée, on peut stocker ce que l'on veut, ou presque. On peut stocker, comme on l'a vu, des valeurs numériques mais aussi, comme on le verra, des expressions, des dessins, etc. En fait on peut stocker dans une variable affectée n'importe quel objet reconnu par Maple.

Pour connaître le contenu d'une variable affectée, il suffit d'écrire son nom suivi d'un; et de valider :

```
>x;
3.16
```

Ceci permet d'ailleurs aussi de savoir si une variable est affectée ou non affectée. Si Maple répond en répétant le nom de la variable, c'est que la variable était non affectée.

1.2 Variables non affectées

Une variable non affectée correspond à la notion d'inconnue en mathématique. Quand nous avons fait un peu de calcul formel au chapitre précédent, nous avons utilisé des variables non affectées. Lorsque l'on demande à Maple de calculer

2*a+3*a, a est une inconnue mathématique : une variable non affectée en langage Maple.

Vous êtes sûrement plus familier de ce type de variable. Elles correspondent exactement aux variables que vous utilisez tous les jours en mathématiques. Les variables non affectées serviront donc partout où en mathématiques vous auriez utilisé une variable, une inconnue. Elles serviront donc par exemple :

- pour tout le calcul formel. Les “ lettres ” qui interviennent sont naturellement des variables non affectées ;
- pour définir des fonctions mathématiques, ainsi que pour tracer leurs courbes représentatives. Dans f: R->R, $f(x)=x^2$, x est naturellement une variable non affectée ;
- pour faire résoudre une équation à Maple. Les inconnues sont des variables non affectées ;

  >solve(3*x-5=0,x) ;

  $$\frac{5}{3}$$

- pour jouer le rôle d'indice dans des expressions particulières (sommation ou intégration par exemple) ;
- etc.

1.3 Passage d'un type de variable à l'autre et règles d'écriture

Au démarrage d'une nouvelle feuille de calcul, toutes les variables sont non affectées. Par contre, une fois qu'une valeur a été affectée à une variable, cette variable reste affectée jusqu'à déclaration du contraire.

L'instruction qui permet de désaffecter une variable est la suivante (un peu ésotérique !) :

nom_variable:='nom_variable'.

Prenons un exemple et cette syntaxe vous semblera beaucoup plus claire :

```
>y:=5 ;
y:=5
>5*y-6 y;
-5
>y:='y' ;
y:='y'
```

On vient de désaffecter la variable y. Vérifions que cela a effectivement fonctionné :

```
>5*y-6*y ;
-y
```

Désaffecter une variable supprime aussi les hypothèses éventuellement faites avec l'instruction assume (voir paragraphe "La fonction assume", page 19).

Si parfois vous vous posez la question de savoir si vous devez utiliser une variable affecté ou non-affectée, demandez-vous si en remplaçant la variable considérée par un chiffre, l'instruction conserve un sens ou non. C'est en général un bon moyen pour se déterminer.

On peut donner presque n'importe quel nom à une variable, il y a simplement quelques règles à respecter. Notez que ces règles s'appliqueront à chaque fois que vous aurez à choisir vous-même le nom d'un objet Maple. Un nom de variable :

- ne comprends pas d'espaces. On ne peut pas appeler une variable: variable de toto ;
- ne commence pas par un chiffre : 1A n'est pas autorisé. A1 l'est par contre ;
- ne comprends pas de caractères exotiques. Evitez les accents, les signes cabalistiques du genre ~ "&^ç, etc.

2. Les structures de données (ensembles, tableaux)

Au paragraphe "Variables affectées" page 23, nous avons donc vu qu'il est possible d'utiliser des variables pour y stocker différents objets. Mais il n'est possible de stocker qu'un seul objet par variable avec les instructions que nous avons vues. Il existe des structures de données permettant de stocker plusieurs objets dans une seule variable.

2.1 Les ensembles

Les ensembles Maple sont définies de la même manière que les ensembles mathématiques. Ils doivent par contre être déclarés de manière extensive, c'est à dire en donnant la liste de leurs éléments. Pour ceux dont les connaissances mathématiques sont un peu anciennes, un ensemble est une collection d'objets mathématiques non ordonnée, ne pouvant pas comporter deux objets identiques.

Il est très simple de créer et de manipuler des ensembles avec Maple. Comme en mathématiques, les éléments d'un ensemble sont toujours encadrés par des accolades.

Prenons un exemple en créant un ensemble A formé des éléments a,b,c,d et B un ensemble formé des éléments c,d,e. Rappelez-vous que Maple est " case-sensitive ", A et a sont donc deux objets distincts.

```
>A:={a,b,c,d} ;B:={c,d,e};
A:={d,a,c,b}  B:={c,d,e}
```

Notez que l'ordre d'affichage des éléments de A n'a aucune importance puisque A est un ensemble. Il est donc tout à fait possible que Maple change l'ordre de leur affichage par rapport à votre saisie, comme dans notre exemple (mais n'importe quelle autre ordre d'affichage aurait été possible).

On peut alors réaliser les manipulations habituelles sur les ensembles :

– intersection avec la syntaxe suivante :

ensemble_1 inter ensemble_2

```
>C:=A inter B ;
C:={c,d}
```

– union avec la syntaxe suivante :

ensemble_1 union ensemble_2

```
>C:=A union B;
C:={a,b,c,d,e}
```

– différence avec la syntaxe suivante :

ensemble_1 minus ensemble_2

```
>C:=A minus B;
C:={a,b}
```

On peut également tester si un élément appartient à un ensemble en utilisant l'instruction member. La syntaxe générale de l'instruction member est la suivante

member(x,ensemble)

member teste si x appartient à ensemble, renvoie true dans ce cas et false sinon. La réponse de member est en effet une réponse booléenne, c'est à dire une réponse vraie (true) ou fausse (false). Prenons un exemple :

```
>member(a,A);
true
```

Notez que l'ensemble vide s'écrit tout simplement {}.

2.2 Les tableaux

Un tableau est une structure ordonnée à n lignes et p colonnes permettant de stocker autant d'éléments que ce tableau a de cases (n*p cases). Contrairement aux autres types de variable, il est nécessaire avant de commencer à utiliser un tableau de le définir. Si l'on souhaite ainsi utiliser un tableau A de 5 lignes et de 4 colonnes, on commencera par écrire :

```
>A :=array(1..5,1..4);
```

Il est alors possible d'accéder à chacune des "cases" de ce tableau en la désignant par un double indice, numéro de ligne puis numéro de colonne entre crochets. Ainsi, A[l,c] désigne la case située à l'intersection de la ligne l et de la colonne c. A[l,c] est une variable pouvant être utilisée comme n'importe quelle autre variable. Il est possible de lui affecter une valeur, de l'utiliser dans des calculs etc.

Tant qu'une case du tableau A n'a pas été affectée, Maple la considère comme n'importe quelle variable non affectée et son nom est A_{lc} (pour la case située à l'intersection de la ligne l et de la colonne c).

Pour afficher la valeur d'un tableau, il faut utiliser l'instruction print. Sa syntaxe est tout simplement print(tableau), dans l'exemple de ce paragraphe, print(A).

Prenons un exemple complet :

```
>A:=array(1..3,1..2);
A:=array(1..3,1..2);
```

Nous venons donc de définir un tableau A. Voyons un peu à quoi il ressemble :

```
>print(A);
```

$$\begin{bmatrix} A_{11} & A_{12} \\ A_{21} & A_{22} \\ A_{31} & A_{32} \end{bmatrix}$$

Aucune de ses cases n'a encore reçu de valeur, il est donc normal que dans toutes les cases il y ait A_{ij}.

Décidons que la case 2,1 doit avoir comme valeur 7. Il suffit d'affecter 7 à la variable représentant la case 2,1.

```
>A[2,1]:=7;
```

$$A_{21} := 7$$

Voyons le résultat :

```
>print(A);
```

$$\begin{bmatrix} A_{11} & A_{12} \\ 7 & A_{22} \\ A_{31} & A_{32} \end{bmatrix}$$

On peut utiliser A[2,1] dans les calculs comme n'importe quelle variable :

```
>y:=A[2,1]**2;
y:=49
```

3. Les fonctions

3.1 Saisie

Maple offre des outils extrêmement puissants et simples d'utilisation pour manipuler des fonctions au sens mathématique du terme. Supposons, par exemple, que l'on veuille saisir une fonction f définie ainsi : $f:\begin{cases} R \rightarrow R \\ x \rightarrow (x+3*\sin(x))^2 \end{cases}$. En langage Maple, cela s'écrira :

```
>f:=x->(x+3*sin(x))**2 ;
```
$f:=x\text{->}(x+3*\sin(x))^2$

f représente donc bien maintenant la fonction désirée. Notez que nous avons utilisé le signe := d'affectation puisque dans f on stocke une fonction.

Si l'on veut saisir une fonction de plusieurs variables, c'est presque aussi facile : les variables sont écrites sous forme de liste (entre parenthèses séparées par des virgules). Prenons l'exemple d'une fonction de deux variables :

```
>g:=(x,y)->sin(x^2+y^2) ;
```
$g:=(x,y)\text{->}\sin(x^2+y^2)$

Nous allons maintenant voir comment on peut utiliser ces fonctions avec Maple.

3.2 Manipulation des fonctions sous Maple

La première manipulation consiste à calculer la valeur de la fonction en un point de son ensemble de définition. Cela se fait de manière complètement intuitive. Supposons que les deux fonctions f et g aient été définies comme indiqué au paragraphe précédent. Si l'on veut connaître la valeur de f en 1 et de g en (2,3), il suffira d'opérer comme suit :

```
>f(1) ;
```
$(1+3\sin(1))^2$

```
>evalf(");
12.42148667
>g(2,3) ;
sin(13)
>evalf(");
0.4201670368
```

Mais, on peut aussi utiliser les possibilités offertes par Maple en terme de calcul formel et demander la valeur de f en a+b, par exemple :

```
>f(a+b) ;
(a+b+3*sin(a+b))^2
```

Le deuxième grand type de manipulation consiste à travailler sur l'algèbre des fonctions, i.e. calculer des sommes, des multiplications, des compositions de fonction. On utilise les notations habituelles pour réaliser ces différentes opérations. Le résultat d'une opération de ce type sur deux fonctions est naturellement encore une fonction

Prenons un exemple :

```
>f:=x->x**2 ;g:=x->x+5 ;
f:=x->x^2, g:=x->x+3
>h:=f*g ;
h:=f*g
>h(y) ;
y^2*(y+3)
```

On peut aussi calculer directement f*g en y :

```
>(f*g)(y) ;
y^2*(y+3)
```

En effet, comme dit plus haut (f*g) est une fonction et donc peut prendre y en argument pour calculer sa valeur en y. Par contre, f*g(y) n'aurait pas le même sens. Dans cette expression, g(y) est un nombre et f une fonction. On multiplierait donc simplement la fonction f par le scalaire g(y) dans cette expression.

On peut de même additionner, soustraire et diviser des fonctions.

Le symbole qui permet d'écrire la composition de deux fonction est le symbole @[2].

La composé de g par f s'écrira donc

f@g

qui est encore une fonction. prenons un exemple :

>f:=x->x+3:g:=x->x^2:[3]

>h:=g@f;

h:=x->$(x+3)^2$

Nous verrons dans la suite de ce livre les opérations spécifiques sur les fonctions comme la dérivation et l'intégration.

4. Les expressions

4.1 Définition

Une expression, en langage Maple, est ce que l'on appellerait vulgairement une formule. Le terme expression recouvre donc un ensemble très large de choses. Comme pour tout objet Maple, il est possible de les stocker dans des variables, en vue d'une réutilisation ultérieure. Prenons quelques exemples d'expression :

Un polynôme :

>P:=x^2+2*x+1;

P:=x^2+2*x+1

Une expression mathématique quelconque :

>A:=(x+cos(2*x))/(sqrt(x));

$$A := \frac{x + \cos(2x)}{\sqrt{x}}$$

Une expression peut même être une égalité, une équation :

>Equation:=E=m*c**2;

Equation:=E=m*c^2

---

[2]ce symbole s'obtient sur les PC en pressant la touche altgr et sans la relâcher la touche 0

[3]Notez que Maple n'affiche rien en réponse à notre instruction puisque nous avons utilisé des: et pas des ;

Pour saisir une expression, il suffit donc de respecter les règles de syntaxe de Maple propres à chaque type de calcul.

4.2 Utilisation

De même que pour une fonction, on peut avoir besoin de calculer la valeur d'une expression en un point. C'est possible mais un peu plus compliqué que de calculer la valeur d'une fonction en un point. Pour une expression, il faut demander à Maple de remplacer telle variable, non affectée bien sûr, par telle valeur.

L'instruction à utiliser pour cela est l'instruction subs. Sa syntaxe est la suivante :

subs(variable=valeur,expression)

Cette instruction signifie : remplace variable par valeur dans expression.

Supposons que P ait la valeur qu'il avait au paragraphe précédent. Et calculons sa valeur en 3 :

```
>subs(x=3,P);
16
```

Maple a remplacé x par 3 partout dans P et a effectué les calculs. Notez que après une telle instruction, x demeure non affectée. En effet P n'est pas modifié, seul sa valeur en 3 a été calculée. Il est bien sûr possible d'utiliser les possibilités de calcul formel de Maple et de remplacer x par une expression quelconque.

Remplaçons x par a+b :

>subs(x=a+b,P);

$(a+b)^2+2a+2b+1$

Voyons maintenant une série d'instructions très utiles pour manipuler les expressions dans le cadre du calcul formel :

collect(expression,variable)

Cette instruction réordonne "expression" en "variable". Ceci signifie qu'elle regroupe tous les éléments de même puissance en "variable". Prenons un exemple :

>collect(x^2+2*x+1-a*x+b-c*x^2,x);

$(1-c)x^2+(2-a)x+b+1$

expand(expression)

Cette instruction développe "expression". Développe a ici un sens extrêmement large. Bien sûr, cette instruction servira à développer des polynômes écrit sous forme factorisée, mais aussi des expressions trigonométriques, etc. N'hésitez pas à essayer si vous pensez que cette instruction peut simplifier votre expression. Prenons quelques exemples :

```
>expand((a+b)^5);
```

$a^5+5a^4b+10a^3b^2+10a^2b^3+5ab^4+b^5$

```
>expand(cos(5*x));
```

$16\cos(x)^5-20\cos(x)^3+5\cos(x)$

```
>expand(cos(x+y));
```

cos(x)cos(y)-sin(x)sin(y)

simplify(expression)

Cette instruction permet de simplifier "expression". Maple effectue un certain nombre de simplifications (regroupement de termes, simplifications diverses).

5. Fonctions & expressions

Il apparaît donc, assez clairement, que fonctions et expressions sont deux manières d'approcher une même réalité. Chacune étant mieux adaptée à tel ou tel usage. Nous verrons dans la suite que la même opération, la dérivation par exemple, est réalisée par deux instructions Maple différentes selon qu'on travaille sur des expressions ou des fonctions.

La question qui se pose naturellement maintenant est de savoir comment passer d'une formulation à l'autre.

Passer d'une fonction à une expression est extrêmement simple. Il suffit, en fait, de prendre sa valeur en une variable non affectée. L'expression qui correspond à f est tout simplement f(x). Prenons un exemple. Soit f :=x->x^2 et x^2 une fonction et une expression qui se correspondent. Pour passer de la fonction à l'expression, il suffit d'utiliser f(x). En effet par définition, f(x) vaut x^2.

```
>f:=x->x^2:
>A:=f(x);
```

$A:=x^2$

Le passage d'une expression à une fonction, i.e. de x^2 à f :=x->x^2 par exemple, est un petit peu plus compliqué. Il faut utiliser la fonction unapply qui convertit les expressions en fonction. Sa syntaxe est la suivante :

```
unapply(expression,var_1,var_2,...,var_n)
```

où expression est l'expression que l'on souhaite convertir, var_1...var_n sont les arguments de la fonction.

Prenons un exemple. Soit l'expression suivante :

```
>expr:=x^2+y^2+a*x;
```

Supposons que l'on veuille la transformer en une fonction f de x et y :

```
>f:=unapply(expr,x,y);
f:=(x,y)->x^2+y^2+a*x;
```

et on peut calculer sa valeur en (1,2) par exemple :

```
>f(1,2);
5+a
```

Chapitre 4

Graphisme

1. Présentation

La représentation graphique de fonctions est un outil très puissant en mathématiques comme en physiques. En mathématiques, essentiellement pour permettre d'élaborer des hypothèses qui devront être démontrées rigoureusement. En physiques, cela permet souvent d'obtenir une réponse de manière très rapide et très propre (tracé d'une fonctionnelle énergétique par exemple). Cela peut aussi permettre de résoudre graphiquement un problème là où les méthodes analytiques échouent, parce que les calculs sont trop longs, trop compliqués où même impossibles à mener.

Maple offre donc toute une panoplie d'outils pour tracer des courbes en deux dimensions, en trois dimensions, définies par une équation cartésienne, par un ensemble d'équations paramétrées, en coordonnées cartésiennes, polaires, cylindro-polaires, sphériques, etc.

2. Graphisme en deux dimensions

2.1 La fonction plot : l'instruction essentielle

La fonction principale pour tracer des courbes en deux dimensions est la fonction plot. La fonction plot admet deux syntaxes légèrement différentes selon que l'équation de la courbe que l'on veut tracer est donnée sous la forme d'un expression ou d'une fonction :

```
plot(f(x),x=a..b)
```

Trace y=f(x) sur [a,b], f(x) étant une expression.

```
plot(f,a..b)
```

Trace y=f(x) sur [a,b], f étant une fonction.

On retrouve la notation .. , notation utilisée par Maple pour désigner les intervalles. [a,b] s'écrit a..b. Maple choisit automatiquement l'étendue de l'axe des ordonnées pour obtenir une bonne représentation.

Ainsi si on veut représenter $y=x^2$ sur [-3,3], on dispose de deux solutions, soit tracer une expression :

```
>plot(x^2,x=-3..3);
```

ou bien tracer une fonction :

```
>f:=x->x^2:
>plot(f,-3..3);
```

Dans les deux cas on obtient bien sûr le même résultat :

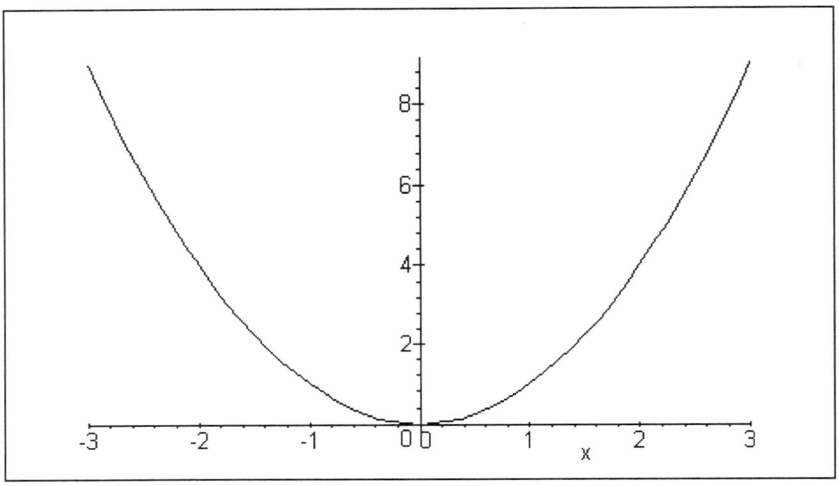

2.2 Tracé de f(x)=1/(x-1) et résolution des difficultés

Dans ce paragraphe, nous allons apprendre à mieux utiliser l'instruction plot pour les tracés posant des problèmes (discontinuités, points "à l'infini"...).

Représentons y=1/(x-1) sur [0..2] :

```
>plot(1/(x-1),x=0..2);
```

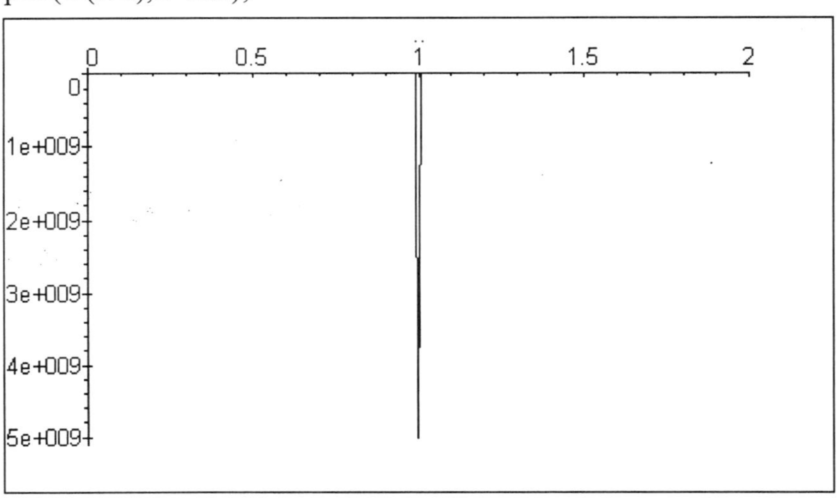

Voilà un graphique assez peu parlant ! 1/(x -1) partant vers l'infini autour de 1, Maple n'arrive pas à déterminer correctement l'échelle des ordonnées. Il va donc falloir l'aider un peu en lui indiquant quelle échelle nous voulons pour l'axe des ordonnées :

plot(f(x),x=a..b,y=c..d) ou plot(f,a..b,c..d)

Trace y=f(x) sur [a..b], l'axe des ordonnées allant de c à d.

Ainsi limitons l'axe des ordonnées à [-10..10] pour le tracé de y=1/x :

```
>plot(1/(x-1),x=0..2,y=-10..10);
```

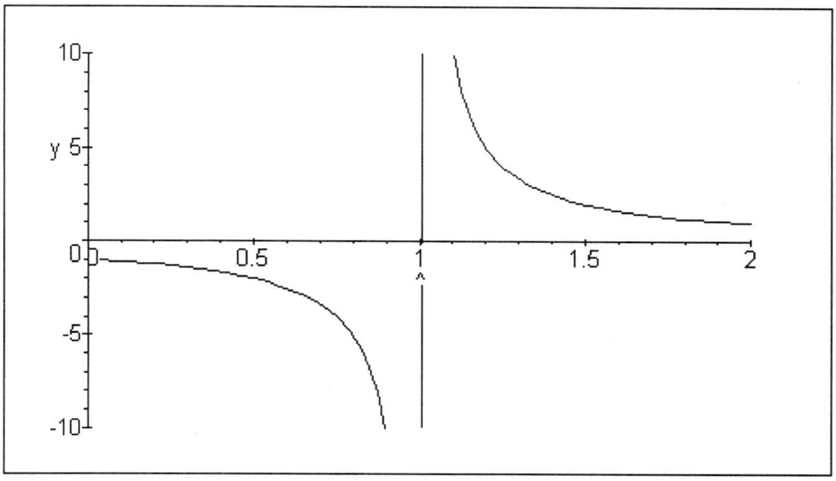

Ce dessin commence à être lisible. Il reste cependant une étrange barre verticale en x=1. Certains pourraient croire que Maple a automatiquement tracé l'asymptote. En fait ce n'est pas le cas. Maple, pour dessiner une courbe, calcule un certain nombre de points et les relie ensuite par des segments rectilignes. La barre verticale est donc simplement le segment qu'il a tracé entre le dernier point calculé avant 1 et le premier calculé après 1. Dans notre cas, cela correspond certes graphiquement à l'asymptote, mais ce n'est pas nécessairement le cas. Il faut donc prévenir Maple que notre fonction est discontinue :

plot(f(x),x=a..b,y=c..d,discont=true) ou plot(f,a..b,c..d,discont=true)

Trace y=f(x) en vérifiant les discontinuités.

```
>plot(1/(x-1),x=0..2,y=-10..10,discont=true);
```

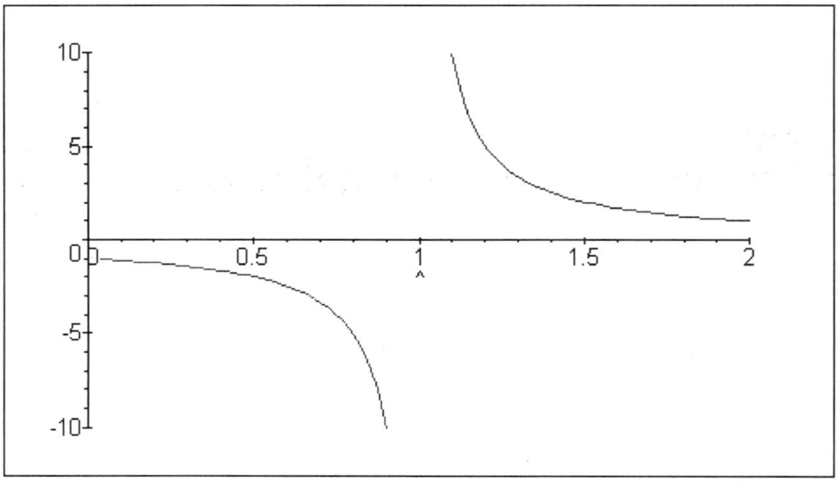

2.3 Tracer plusieurs courbes sur un même graphique

Il est possible de tracer plusieurs courbes sur un même graphique avec l'instruction plot. Pour cela, il suffit de remplacer l'équation de la courbe par un ensemble d'équations de plusieurs courbes (par un ensemble tel que nous l'avons défini au paragraphe "Les ensembles", page 26). La syntaxe de plot sera complétée ainsi :

$$\text{plot}(\{f_1(x),f_2(x),\ldots,f_n(x)\},x=a..b) \text{ ou } \text{plot}(\{f_1,f_2,\ldots,f_n\},a..b)$$

Représente $y=f_1(x)$, $y=f_2(x)$, ...,$y=f_n(x)$ sur le même graphique. Il est bien sûr possible de préciser l'échelle des ordonnées, d'utiliser l'option discont=true, etc.

```
>plot({sin(x),x/8},x=-3*Pi..3*Pi);
```

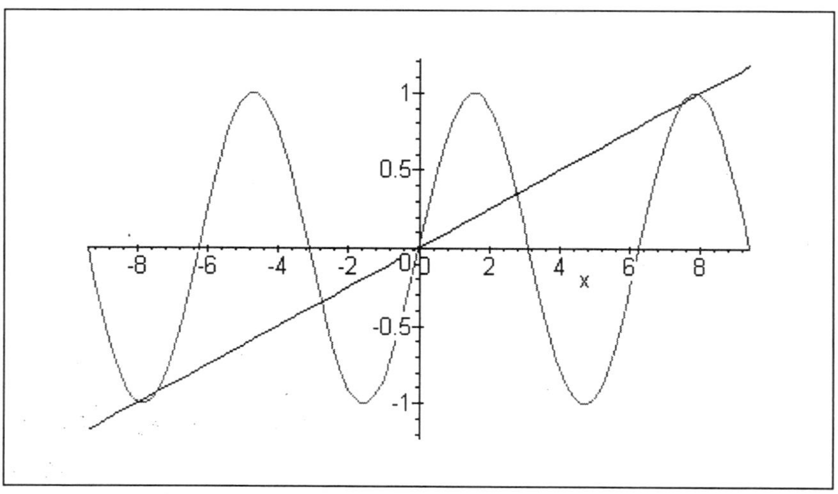

2.4 Utilisation de la barre de menu graphique

Quand vous créez un graphique, Maple crée une nouvelle fenêtre. Cette fenêtre dispose d'un menu graphique spécial, sous forme d'une barre de boutons.

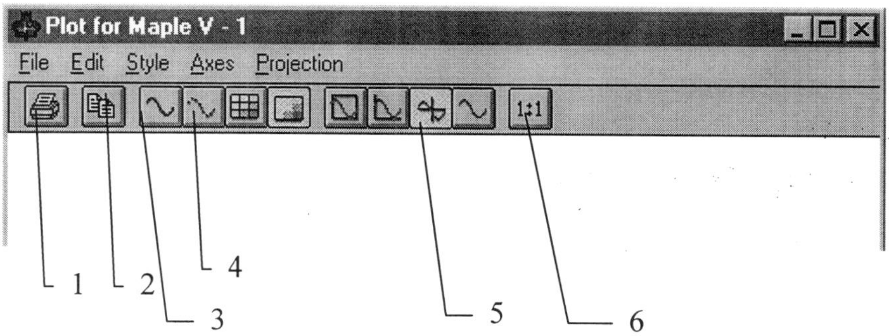

Les boutons numérotés ont les fonctions suivantes :

- 1 : impression du graphique courant ;
- 2 : copie du graphique courant ;
- 3 : quand ce bouton est enfoncé, Maple relie les différents points qu'il a calculés par des segments de droite ;
- 4 : quand ce bouton est enfoncé, Maple ne relie pas les points calculés. Il affiche uniquement les points. Utiliser cette option permet de vérifier si tel trait fait partie de la courbe ou bien si c'est une extrapolation abusive de Maple (comme l'"asymptote" de 1/(x-1)) ;
- 5 : Ces quatre boutons permettent de choisir différents modes de représentation des axes ;
- 6 : Ce dernier bouton, permet de basculer entre une représentation orthonormée et une représentation non orthonormée de la courbe.

2.5 Courbes définies par des équations paramétriques

Il est bien sûr possible de tracer des courbes définies par des équations paramétriques comme : $\begin{cases} x = x(t) \\ y = y(t) \end{cases}$

L'instruction à utiliser est la suivante :

```
plot([x(t),y(t),t=tmin..tmax],x=a..b,y=c..d)
```

Trace la courbe définie par les équations paramétriques x(t) et y(t), t variant entre tmin et tmax. x(t) et y(t) sont des expressions, tmin et tmax des réels quelconques. x=a..b et y=c..d sont optionnels. En leur absence, Maple détermine lui-même les échelle des axes des coordonnées et des abscisses.

Traçons une ellipse :

```
>plot([3*cos(u),1.5*sin(u),u=-Pi..Pi],x=-3..3,y=-3..3);
```

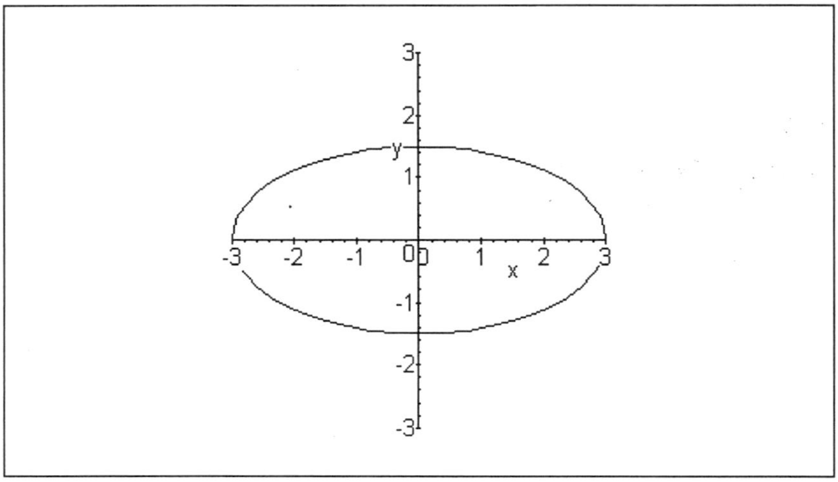

2.6 Courbes définies par une équation en coordonnées polaires

Il est possible de tracer des courbes en coordonnées polaires avec Maple. Maple traite les courbes en coordonnées polaires comme les courbes paramétrées. Pour Maple une courbe en polaire est définie ainsi :

$$\begin{cases} \rho = \rho(t) \\ \theta = \theta(t) \end{cases}$$

Si on a une équation "classique" $\rho = f(\theta)$, on la définira donc ainsi sous Maple

$$\begin{cases} \rho = f(t) \\ \theta = t \end{cases}$$

Maple calcule ρ et θ, puis les projette sur les axes.

La syntaxe générale de l'instruction pour dessiner des courbes en coordonnées polaires est donc directement dérivée de la syntaxe de l'instruction plot pour tracer des courbes paramétrées. On rajoute simplement l'option coords=polar :

```
plot([r(t),theta(t),t=tmin..tmax],x=a..b,y=c..d,coords=polar)
```

Dessine la courbe définie par les équations r(t),theta(t) en coordonnées polaires. x=a..b et y=c..d sont optionnels. En leur absence, Maple détermine lui-même les échelle des axes des coordonnées et des abscisses.

Si l'on veut tracer la grande classique $\rho = 1 + 2\cos(\theta)$, on utilisera donc l'instruction suivante :

```
>plot([1+2*cos(t),t,t=0..2*Pi],coords=polar);
```

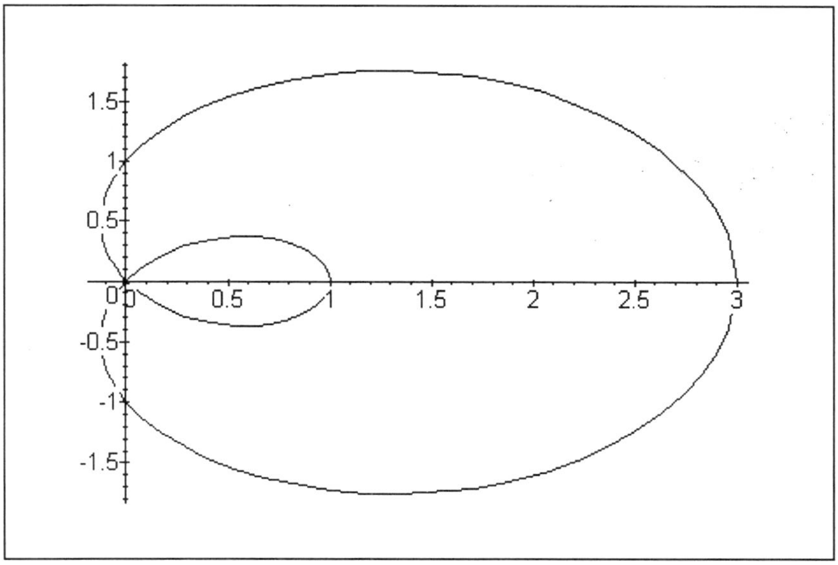

2.7 Courbes définies implicitement et package plots

Maple offre une instruction pour tracer des courbes données sous forme implicite : f(x,y)=0, l'instruction implicitplot. Avant de pouvoir utiliser cette instruction, il faut introduire la notion de package. Quand vous démarrez une session, Maple a en mémoire un certain nombre d'instructions. Pour éviter que Maple utilise trop de mémoire, il n'a pas en mémoire l'ensemble des instructions connues. Les instructions connues non disponibles immédiatement sont regroupées au sein de packages. Ainsi toutes les instructions supplémentaires concernant le graphisme sont regroupées au sein du package plots. Pour les charger en mémoire et pouvoir les utiliser on utilise l'instruction with(package) dont la syntaxe est la suivante :

with(package)

charge "package" en mémoire.

```
>with(plots);
```

[*animate*, *animate3d*, *conformal*, *contourplot*, *cylinderplot*, *densityplot*, *display*, *display3d*, *fieldplot*, *fieldplot3d*, *gradplot*, *gradplot3d*, *implicitplot*, *implicitplot3d*, *loglogplot*, *logplot*, *matrixplot*, *odeplot*, *pointplot*, *polarplot*, *polygonplot*, *polygonplot3d*, *polyhedraplot*, *replot*, *setoptions*, *setoptions3d*, *spacecurve*, *sparsematrixplot*, *sphereplot*, *surfdata*, *textplot*, *textplot3d*, *tubeplot*]

Maple affiche la liste des nouvelles instructions chargées en mémoire ; parmi elles on voit implicitplot. La syntaxe de implicitplot est :

implicitplot(f(x,y)=0,x=a..b,y=c..d)

Trace la courbe définie par f(x,y)=0 (f est une expression), sur [a,b]x[c,d]

>implicitplot(x^2+y^2=2,x=-3..3,y=-3..3,numpoints=300);

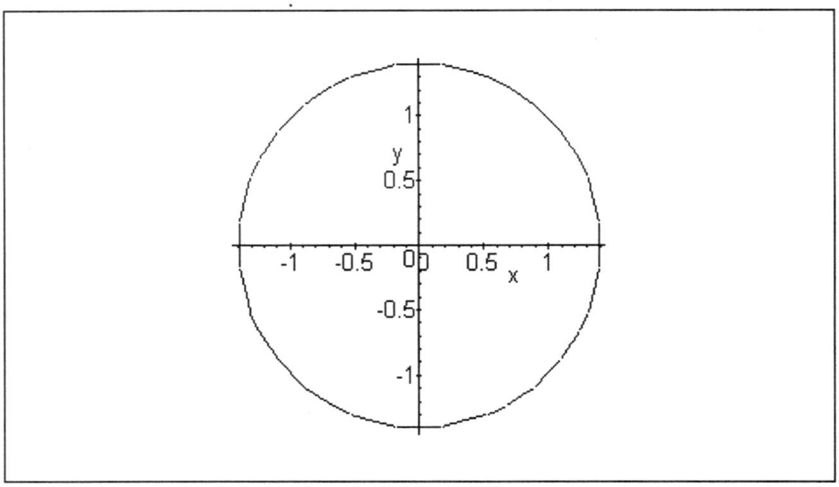

2.8 Les options de plot

A la fin de l'instruction plot, avant de refermer la parenthèse, il est possible de rajouter des options. Sans le savoir vous avez déjà utilisé des options. Ecrire discont=true, par exemple, était une option.

Les deux autres options utiles sont :

- numpoints=n: permet de décider le nombre de points calculés par Maple (par défaut 49). Plus ce nombre sera élevé, plus votre représentation graphique sera lissée, mais plus elle sera longue à calculer ;
- title='titre': permet d'ajouter un titre à votre graphique (remplacer, bien sûr titre par ce que vous voulez...).

3. Graphisme en trois dimensions

Dans l'espace, on ne dessine pas des courbes mais des surfaces.

3.1 La fonction plot3d: l'instruction essentielle

3.1.1 En coordonnées cartésiennes

Le pendant en trois dimensions de la fonction plot est la fonction plot3d. Sa syntaxe est très proche de celle de plot. Pour tracer des surfaces définies par z=f(x,y) on écrira donc :

plot3d(f(x,y),x=a..b,y=c..d,z=e..f)

où f(x,y) est une expression et a, b, c, d, e, f des réels. Cette instruction dessine la surface d'équation z=f(x,y) sur [a,b]x[c,d]. z=e..f est optionnel. En son absence Maple calcule lui-même l'échelle des cotes.

Comme pour plot, on peut tracer une fonction ou une expression, la syntaxe est un peu différente quand on trace une fonction :

plot3d(f,a..b,c..d,e..f)

où f est une fonction de deux variables.

Pour tracer la surface définie par $z=\sin(x+y)*(x^2-y^2)$ sur [-5..5]x[-5..5], on écrira :

```
>plot3d(sin(x+y)*(x^2-y^2),x=-5..5,y=-5..5);
```

ou

```
>plot3d((x,y)->sin(x+y)*(x^2-y^2), -5..5, -5..5);
```

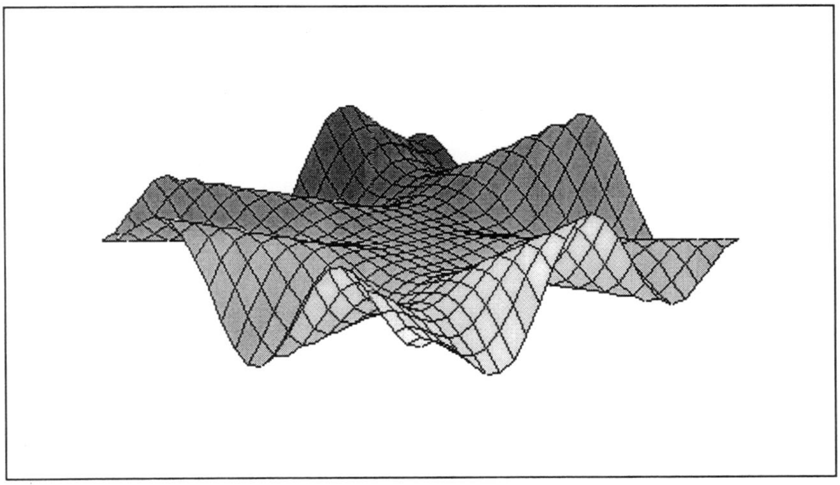

3.1.2 En coordonnées cylindro-polaires

En coordonnées cylindro-polaires, une surface est définie ainsi : $r=r(\theta,z)$. La syntaxe générale de plot3d est la même qu'en coordonnées cartésiennes. Il faut simplement préciser à Maple que l'on travaille en coordonnées cylindro-polaires.

plot3d(r(theta,z),theta=a..b,z=a..n,coords=cylindrical)

pour tracer $r(\theta,z)=\theta$ sur $[0,4\pi]x[-1,1]$, on écrira :

```
>plot3d(theta,theta=0..4*Pi,z=-1..1,coords=cylindrical);
```

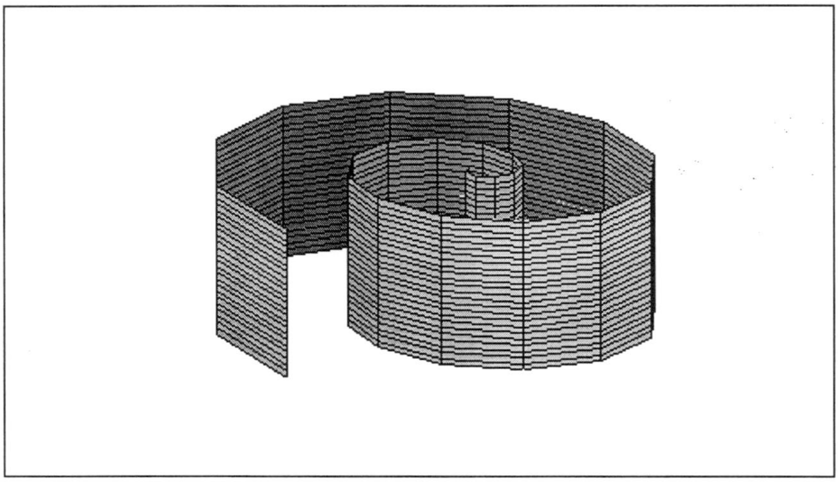

3.1.3 En coordonnées sphériques

En coordonnées sphériques, une surface est définie ainsi : r=r(θ,φ). La syntaxe de plot3d est complètement symétrique de celle utilisée en coordonnées cylindro-polaires :

plot3d(r(theta,phi),theta=a..b,phi=a..n,coords=spherical)

Pour tracer $\frac{4}{3^{\theta}} * \sin(\varphi)$ sur [-1,2π]x[0,π], on écrira donc

>plot3d(4/3^theta*sin(phi),theta=-1..2*Pi,phi=0..Pi,coords=spherical);

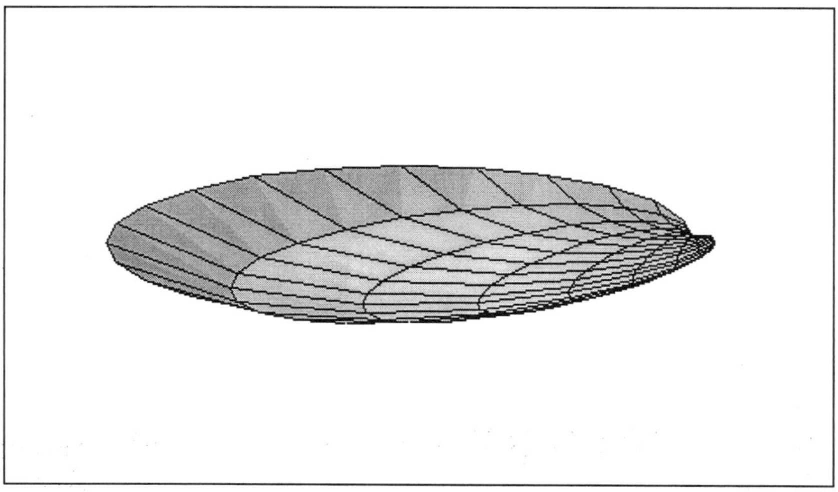

3.2 Surfaces définies par des équations paramétriques

Une surface paramétrée dans l'espace est définie ainsi, à l'aide de deux paramètres (en coordonnées cartésiennes) :

$$\begin{cases} x = x(u,v) \\ y = y(u,v) \text{ où (u,v) sont deux paramètres décrivant [u1,u2]x[v1,v2] (1)} \\ z = z(u,v) \end{cases}$$

L'instruction plot3d permet de représenter de telles surfaces. Sa syntaxe est la suivante :

plot3d([x(u,v),y(u,v),z(u,v)],u=u1..u2,v=v1..v2)

représente la surface paramétrée en coordonnées cartésiennes définie par les équations (1).

```
>plot3d([sin(u),cos(u)*sin(v),sin(v)],u=-Pi..Pi,v=-Pi..Pi);
```

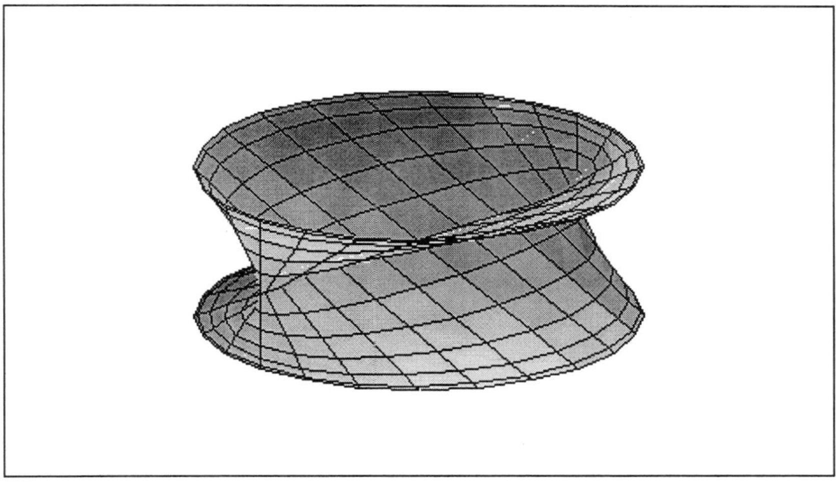

Il est possible de représenter des surfaces définies par des équations paramétriques en cylindro-polaire ou en sphérique. Les instructions plot3d à utiliser s'écriront ainsi :

plot3d([r(u,v),theta(u,v),z(u,v)],u=u1..u2,v=v1..v2,coords=cylindrical)

et

plot3d([r(u,v),theta(u,v),phi(u,v)],u=u1..u2,v=v1..v2,coords=spherical)

3.2.1 Utilisation du menu graphique

Comme en deux dimensions, Maple ouvre une fenêtre spéciale avec une barre d'outils spécifiques quand il crée un graphique.

Il est tout d'abord possible de modifier le point de vue sur la surface en trois dimensions, en la faisant "tourner" dans l'espace. Pour cela, il faut cliquer une fois sur le dessin. Un cube apparaît et remplace le dessin de la surface. En cliquant (et en gardant le bouton gauche enfoncé), et en bougeant la souris, ce cube tourne pour indiquer comment le dessin tourne. Quand on est arrivé à la bonne inclinaison, il suffit de relâcher le bouton gauche et de cliquer sur le bouton R afin de redessiner la surface.

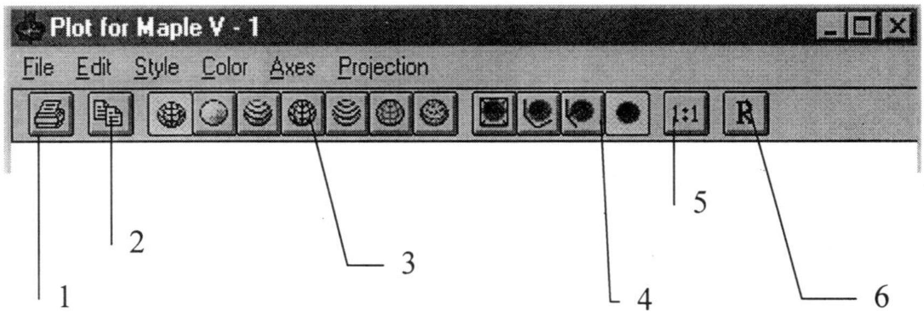

- 1 : permet d'imprimer le graphique
- 2 : permet de copier le graphique dans le presse papiers
- 3 : cet ensemble de boutons permet de choisir entre différents rendus de l'effet de relief (avec ou sans trame, en voyant les parties cachées ou non, etc.)
- 4 : cet ensemble de boutons permet de choisir entre différents positionnements des axes
- 5 : ce bouton permet de basculer d'une représentation orthonormée à une représentation non orthonormée
- 6 : ce bouton dit à Maple de redessiner l'objet. En effet, le temps de dessin étant long, Maple ne redessine pas l'objet après la plupart des manipulations (rotations, changement de type de dessin, d'axes, etc.)

Chapitre 5

Programmation

1. Introduction

Jusqu'à présent, nous n'avons utilisé Maple qu'en mode direct. Vous écriviez une instruction, la validiez et Maple affichait la réponse à l'instruction saisie. Il existe un deuxième mode d'utilisation de Maple, c'est le mode programmation.

Ecrire un programme, en langage Maple on dit une procédure, c'est essentiellement donner un nom à un ensemble d'instructions de façon à pouvoir les réutiliser ensuite autant de fois que nécessaire sans avoir à les ressaisir.

De manière plus technique, et plus précise, un programme est un enchaînement d'instructions, permettant de résoudre un problème générique dépendant de paramètres initiaux. Chacun de ces problèmes est entièrement défini par la donnée de ces paramètres. Le même programme, auquel on indiquera la valeur de ces paramètres, pourra donc être utilisé pour la résolution de toute cette classe de problèmes.

La méthode utilisée par ce programme pour résoudre cette classe de problèmes s'appelle un algorithme. Un algorithme est une méthode qui, suivie pas à pas, permet d'arriver au résultat souhaité sans avoir à faire preuve d'initiative.

Prenons un exemple, soit le problème suivant, calculer le PGCD de 256 et 1048. L'algorithme de résolution est une méthode capable de calculer le PGCD de deux entiers quelconques, chaque problème étant précisément entièrement défini par la donnée de ces deux entiers.

Ce chapitre est un des chapitres les plus difficiles de ce livre, mais aussi un des plus importants, alors accrochez-vous et bon courage !

2. Définition d'un algorithme et notions essentielles

2.1 Définition

Algorithme : Suite finie d'opérations élémentaires constituant un schéma de résolution d'un problème.

Arrêtons nous un peu sur cette définition où chaque mot à son importance :

– Suite : les opérations vont être exécutées dans un certain ordre. Il ne s'agit donc pas d'un ensemble (non ordonné) d'opérations, mais d'une suite ordonnée d'opérations. Un algorithme ne dit pas il faut faire ça, ça et ça mais plutôt il faut faire ça, puis ça, puis ça.
– Finie : Ce mot est bien sûr très important. Aussi rapides que soient les ordinateurs actuels et futurs, ils mettront toujours un temps infini à effectuer un nombre infini d'opérations ! Un algorithme comportant un nombre infini d'opérations serait donc de bien piètre utilité.
– Opérations élémentaires : Chacune des opérations de l'algorithme doit être directement exécutable et compréhensible par Maple. C'est en ce sens qu'elle est élémentaire
– Schéma de résolution d'un problème : schéma parce que cet algorithme sera applicable à un certains nombre de problèmes définis chacun par des paramètres.

2.2 Notions essentielles

Nous allons introduire les notions essentielles d'instructions obligatoires, d'instructions conditionnelles et d'instructions répétitives au travers d'exemples. Il est important de bien comprendre ces deux exemples, clefs de la compréhension de la fin de ce chapitre.

2.2.1 Partition musicale

Le premier exemple est une partition musicale simple. C'est un algorithme qui permet au musicien de reproduire une musique. C'est une suite d'instructions élémentaires :

– lit la note ;
– joue telle note avec telle durée et telle fréquence ;
– passe à la note suivante.

Dans ce premier exemple, l'ensemble des instructions est linéaire, chaque instruction est exécutée une seule fois pour chaque note. Il faut cependant répéter ce processus autant de fois qu'il y a de notes.

2.2.2 Mode d'emploi d'une machine à laver

Prenons un deuxième exemple, beaucoup plus riche d'enseignements. Imaginez un mode d'emploi de machine à laver le linge.

Un tel mode d'emploi est un algorithme destiné à permettre de résoudre le problème suivant : avoir du linge propre à partir de linge sale. Un tel problème est entièrement défini (au niveau de précision choisi) par la donnée de deux paramètres :

– le poids du linge ;
– le type du linge (fragile, laine, blanc, couleur, etc.).

Un[4] algorithme de résolution est alors le suivant :

- ouvrir le couvercle de la machine: c'est une instruction " simple " en ce sens qu'elle devra toujours être exécutée de la même manière, indépendamment de la valeur des paramètres définissant le problème ;
- prendre un vêtement dans le panier à linge, le mettre dans la machine: ces deux instructions sont des instructions " répétitives ", en ce sens qu'elles devront être répétées autant de fois qu'il y a de vêtements. Je dois prendre un vêtement, le mettre dans la machine et recommencer tant qu'il reste des vêtements ;
- choix du programme: c'est une instruction conditionnelle. En effet, dans le mode d'emploi il sera écrit, si il y a 10 kg de linge et si c'est de la laine alors programme W, si il y a 5 kg et si c'est du coton, alors programme K, etc. En fonction de la valeur des paramètres initiaux, conditionnellement donc à ces paramètres, le lecteur du mode d'emploi devra choisir un programme particulier ;
- fermer le couvercle, lancer la machine: deux instructions obligatoires ;
- sortir le linge, vêtement par vêtement: à nouveau un groupe d'instructions à répéter.

2.3 Synthèse

Toute procédure Maple, comme toute mise en œuvre d'un algorithme dans quelque langage de programmation que ce soit aura donc les caractéristiques suivantes :

- une procédure Maple est un enchaînement d'instructions que Maple exécutera dans l'ordre d'affichage ;
- ces instructions pourront être soit des instructions simples, soit des instructions conditionnelles, soit des instructions répétitives (ou itératives) ;
- les instructions simples sont les mêmes que celles utilisées en mode direct d'utilisation de Maple ;
- les instructions conditionnelles sont des instructions qui comportent un test. En fonction du résultat de ce test, tel ou tel groupe d'instructions sera exécutée ;
- les instructions itératives permettent de faire répéter n fois un groupe d'instructions à Maple.

3. Traduction en langage Maple des définitions précédentes

Nous venons de définir les notions qu'il est nécessaire de comprendre avant d'écrire des procédures sous Maple. Nous allons voir maintenant comment ces notions s'écrivent en Maple. Il existe en effet des règles de syntaxe très précises

[4] Il existe en effet souvent plusieurs algorithmes possibles pour résoudre le même type de problème.

pour la programmation comme il en existe de très précises pour l'utilisation directe de Maple.

Rappelez-vous bien qu'une procédure, comme indiqué plus haut, va être un ensemble d'instructions que Maple va examiner et exécuter séquentiellement, de la première à la dernière.

N'hésitez pas, pendant la lecture de ce paragraphe, à vous reporter fréquemment aux exemples du paragraphe suivant.

3.1 Mode procédure et mode direct, squelette général d'une procédure

La syntaxe générale d'une procédure est la suivante :

nom_procedure:=**proc**(param_1,...,param_n)

.... (instructions)

end ;

nom_procedure est le nom que portera votre procédure. Vous êtes entièrement libre de choisir le nom que vous souhaitez, à la simple condition de respecter les mêmes règles que pour les noms des variables (voir paragraphe "Passage d'un type de variable à l'autre et règles d'écriture", page25).

Param_1,..Param_n sont les n paramètres nécessaires pour la résolution complète du problème posé. Ce sont les n paramètres qui définissent votre problème. Là encore, c'est vous qui choisissez leur nom.

L'instruction proc indique à Maple que vous allez écrire une procédure. Notez bien que dans cette première ligne obligatoire en début de toute procédure, il n'y a naturellement aucun espace. Sous Maple V.4, la saisie de cette ligne est suivie de l'apparition du message suivant "warning, semi-colon expected". Ne vous inquiétez-pas, ce message disparaîtra quand vous aurez terminé de saisir cette procédure.

Une fois que cette première ligne est validée (i.e. que vous avez appuyé sur la touche enter), Maple passe en mode procédure. La différence essentielle avec le mode direct est que Maple n'évalue pas immédiatement vos instructions. Il n'affiche donc rien en réponse à vos instructions. Il se contente de vérifier que la syntaxe est correcte.

Si, et cela arrivera souvent, vous faîtes une erreur de syntaxe, Maple vous la signale et sort du mode procédure pour revenir en mode direct. Il est alors indispensable de corriger l'erreur et de revalider toutes les lignes depuis le “ proc ” pour pouvoir écrire la fin de la procédure en mode procédure.

Une fois que vous avez terminé d'écrire votre procédure, écrivez end; et validez pour indiquer à Maple que votre procédure est terminée. A ce moment, si tout s'est bien passé, Maple doit réécrire le texte de votre procédure.

3.2 Les instruction simples

Une instruction simple s'écrit en utilisant la même syntaxe qu'en mode direct. Imaginez que quelqu'un ait écrit une procédure de résolution d'une équation du second degré dans R ($ax^2+bx+c=0$). Une des instructions de cette procédure sera le calcul du discriminant. Si le discriminant se nomme DELTA, l'instruction correspondante sera tout simplement :

```
>DELTA:=b^2-4*a*c ;
```

3.3 Les instructions conditionnelles

Une instruction conditionnelle est une instruction qui comporte un test. En fonction du résultat de ce test (vrai ou faux), tel ou tel groupe d'instructions sera exécuté.

La syntaxe générale de ces instructions est la suivante :

if condition **then**
instruction_1;
...
instruction_n;
else
instruction_1;
...
instruction_n;
fi;

Condition peut être tout objet Maple pouvant être vrai ou faux. Dans 90% des cas, il s'agit d'une comparaison. Les comparaisons s'écrivent ainsi en langage Maple :

- égalité : a=b (attention, ici c'est le signe = et pas := puisque l'on compare deux valeurs, on n'affecte pas une valeur à une variable) ;
- Supériorité, infériorité : a>b, a<b. Ces symboles désignent l'inégalité au sens strict. Les symboles utilisés pour l'inégalité au sens large sont >= (supérieur ou égal) et <= (inférieur ou égal). Pour vous en souvenir, rappelez vous que ces symboles s'écrivent dans le même ordre qu'ils se disent.

Si la condition est vraie alors Maple va exécuter l'ensemble des instructions comprises entre then et else. Notez que ces instructions peuvent à nouveau être des instructions simples, des instructions conditionnelles ou des instructions itératives. Ensuite, il continuera d'exécuter les instructions situées après le fi, sans exécuter les instructions comprises entre le else et le fi.

Si la condition est fausse, au contraire, Maple sautera les instructions comprises entre le then et le else et exécutera toutes les instructions comprises entre le else et le fi et continuera ensuite d'examiner les instructions qui suivent le fi.

Prenons un exemple. Imaginez qu'au sein d'une procédure, a et b soient deux variables et que, pour les besoins de la cause, il soit nécessaire qu'une troisième variable c, vaille -1 si a<=b et +1 si a>b. L'instruction conditionnelle permettant de réaliser ceci est la suivante :

```
>if a>b then c:=1 else c:=-1; fi;
```

L'utilisation de l'instruction else est facultative. Il est en effet possible d'envisager une instruction conditionnelle qui fait quelque chose si la condition est vraie et rien sinon. L'instruction qui donne à c la valeur 1 si a>b est la suivante :

```
>if a>b then c:=1; fi;
```

Notez trois détails importants :

- il n'y a pas de ; après le then
- il n'y a pas de ; après le else
- l'oubli du fi est source de la plupart des erreurs lors de l'utilisation des instructions conditionnelles.

Il reste à noter une singularité surprenante du comportement de Maple. Si vous lui écrivez une condition comme if Pi>0 ou if cos(0)>0, Maple ne saura pas si la condition est vraie ou fausse. Il va vous répondre "cannot evaluate boolean" (je ne peux pas évaluer la condition). En effet, pour Maple Pi ou cos(0) n'est pas un nombre, c'est un objet de calcul formel, ça n'est donc ni positif ni négatif. Pour résoudre cette difficulté, il faut utiliser evalf. On écrira donc if evalf(Pi)>0 ou if evalf(cos(0))>0. En effet, l'introduction de evalf va forcer Maple à calculer une valeur réelle approchée de l'objet considéré, valeur réelle qu'il saura comparer à 0.

Pensez donc à utiliser evalf chaque fois que dans votre condition un objet de calcul formel risque d'intervenir.

3.4 Les instructions itératives

Les instructions itératives sont les instructions qui permettent de faire répéter à Maple n fois l'exécution d'un ensemble d'instructions. On appelle cette exécution multiple une boucle.

Il existe deux types de boucle et donc deux instructions différentes. Le premier type de boucle consiste à répéter un nombre défini de fois un ensemble d'instructions, ce sont les boucles “ for ”. Le second type consiste à répéter un ensemble d'instruction tant qu'une condition est vraie, ce sont les boucles “ while ”

3.4.1 L'instruction for

La syntaxe générale, qui devra être adaptée à chaque cas particulier, est la suivante :

> **for** compteur **from** debut **to** fin **by** pas **do**
>
> ... (instructions) ;
>
> **od;**

Compteur est une variable quelconque. Debut et fin sont deux nombres indiquant les valeurs initiale et finale de compteur. Pas est la valeur ajoutée à compteur après chaque exécution de la boucle.

Que se passe-t-il quand Maple exécute une instruction comme celle-ci ? Maple commence par affecter la valeur debut à compteur, puis il exécute l'ensemble des instructions comprises entre le do et le od. Ensuite il remonte jusqu'au for, ajoute pas à la valeur qu'avait compteur, exécute les instructions entre le do et le od, remonte jusqu'au for, et ainsi de suite jusqu'à ce que compteur soit supérieur ou égal à fin. A ce moment, Maple continue à exécuter la suite de la procédure située après le od.

Prenons un exemple. Le morceau de procédure suivant calcule la somme des onze premiers entiers impairs.

```
>s:=0 ;
>for i from 1 to 21 by 2 do
>s:=s+i ;
>od ;
```

Décortiquons l'exécution de ce programme par Maple :

Maple affecte la valeur 0 à s, cette variable est destinée à contenir la somme des 11 premiers entiers pairs. Maple arrive ensuite sur le for. Il affecte 1 à i. L'instruction s :=s+i s'exécute ainsi : Maple calcule s+i, trouve 1 et l'affecte à s. s vaut donc 1 maintenant. Maple arrive sur le od, remonte au for, affecte la valeur 3 à i. Donc ensuite il exécute s :=1+3=4. s vaut 4 maintenant. Maple remonte au for, affecte 5 à i, calcule s qui vaut maintenant 4+5=9, etc. jusqu'à ce que i vaille 21 et s 124.

3.4.2 L'instruction while

Cette instruction permet d'exécuter une boucle tant qu'une condition est vraie. La syntaxe générale de cette instruction est la suivante.

while condition **do**

... (instructions);

od;

condition peut être tout objet Maple étant soit vrai soit faux exactement comme pour les instructions conditionnelles (voir paragraphe "Les instructions conditionnelles", page 51).

Que se passe-t-il quand Maple exécute une instruction comme celle-ci ? Maple teste la condition. Si elle est fausse, il saute à l'instruction située après le od . Si elle est vraie, il exécute l'ensemble des instructions comprises entre le do et le od. Une fois arrivé au od, il remonte au while, teste si la condition est vraie. Si elle est fausse il saute à l'instruction qui suit le od, sinon il exécute l'ensemble des instructions comprises entre le do et le od, remonte au while, etc.

Notez donc que dans l'ensemble des instructions comprises entre le do et le od, il faut qu'au moins une d'entre elles change la valeur de vérité de la condition (i.e. qu'elle la fasse devenir fausse). Sinon, Maple va exécuter indéfiniment cet ensemble d'instructions, sans jamais s'arrêter. Faites attention, ce genre d'erreur est extrêmement classique et parfois difficile à détecter.

Cette deuxième instruction pour réaliser des boucles peut vous sembler plus compliquée à utiliser que l'instruction for. N'hésitez cependant pas à l'utiliser, elle permet, souvent, de simplifier notablement l'écriture d'une procédure.

3.5 Variables locales, globales

Nous avons vu plus haut que le squelette d'une procédure est le suivant :

nom_procedure:=**proc**(param_1,...,param_n)

.... (instructions);

end;

Si l'on rentre un peu plus dans la procédure, son squelette général est en fait le suivant :

nom_procedure:=**proc**(param_1,...,param_n)

local loc_1,loc_2,...,loc_n ;

global glob_1,glob_2,...,glob_n ;

.... (instructions);

RETURN(variable_de_sortie);

end;

L'instruction RETURN sera étudiée dans le paragraphe suivant, utilisation d'une procédure.

Vous vous souvenez de la notion de variables introduites au chapitre 3. Lors de la rédaction d'une procédure, il faut indiquer à Maple quelles sont les variables qui vont être utilisées dans la procédure. Ces variables pourront, par exemple, être celles que vous utiliserez comme variables de compteur ou pour tout autre chose. loc_1,...loc_n, glob_1,...,glob_n sont donc des noms de variable que vous pouvez choisir arbitrairement (dans la mesure où vous respectez les règles d'écriture des noms de variable du paragraphe "Passage d'un type de variable à l'autre et règles d'écriture", page 25).

Dans une procédure, il existe deux types de variables utilisables, les variables locales et les variables globales.

Une variable locale n'est connue qu'à l'intérieur de la procédure. Elle peut prendre différentes valeurs lors de l'exécution de la procédure, mais une fois que Maple a terminé l'exécution, elle est désaffectée et tout se passe comme si elle n'avait jamais été utilisée.

Une variable globale, au contraire, est connue dans l'ensemble de la feuille de calcul. Une fois la procédure exécutée, une variable de ce type conserve la valeur qu'elle avait à la fin de l'exécution de la procédure. Elle peut-être réutilisée dans la feuille de calcul.

Il est préférable d'utiliser autant que possible des variables locales plutôt que des variables globales.

3.6 Utilisation d'une procédure

Une fois saisie et validée, une procédure s'utilise exactement comme une fonction Maple quelconque (qui sont d'ailleurs pour la plupart d'entre elles des procédures, mais cela va largement au delà du propos de ce livre).

Supposons que l'on ait écrit une procédure PGCD (au lieu d'utiliser simplement la procédure prédéfinie igcd), qui calcule le PGCD de deux entiers et que cette procédure prenne comme arguments les deux entiers. L'instruction utilisé pour lancer la procédure PGCD sera la suivante :

```
>y:=PGCD(124,256) ;
y:=4
```

Maple calcule la valeur de PGCD(124,256) et stocke le résultat dans la variable nommé y (on aurait bien sûr pu utiliser n'importe quelle variable à la place de y).

Peut-être ne vous en êtes vous pas rendu compte, mais il est ambiguë de parler de la valeur d'une procédure. En effet, lorsque Maple exécute une procédure, comment peut-il savoir quelle est la valeur qui nous intéresse parmi tous les calculs et toutes les variables qu'il manipule ? C'est pour cela, qu'il faut toujours (même si Maple ne l'impose pas) utiliser la fonction RETURN à la fin d'une procédure.

De manière générale, le résultat de la procédure est la valeur d'une des variables, local ou globale de la procédure. Dans l'exemple du PGCD, il y a nécessairement dans la procédure PGCD une variable qui à la fin de l'exécution a pour valeur la valeur du PGCD. Supposons que cette variable s'appelle Resul. L'avant dernière ligne de la procédure (celle qui précède le end;) sera alors RETURN(Resul).

C'est donc la valeur de la variable, locale ou globale, retournée par l'instruction RETURN qui sera considérée comme étant LA valeur de la procédure considérée.

4. Remarques et astuces

Une première remarque est extrêmement importante et concerne l'utilisation des paramètres dans une procédure. Supposons que la procédure que vous écrivez s'appelle PGCD et prenne deux paramètres appelés a et b en entrée. Quand vous utilisez cette procédure, vous donnez des valeurs aux paramètres a et b. Dans l'exemple pris plus haut, a vaut 124 et b vaut 156. Avant d'exécuter la procédure, quand Maple évalue l'instruction PGCD(124,256), il remplace partout dans la procédure a par 124 et b par 256. Il est donc impossible de réutiliser un paramètre comme variable dans la procédure. En effet, si dans votre procédure vous écrivez a :=a/2; quand Maple va évaluer la procédure, il remplacera cette ligne par 124 :=124/2, ce qui n'a aucun sens (cela revient à vouloir affecter au nombre 124 le nombre 62). Le message d'erreur renvoyé par Maple sera alors illegal use of a formal parameter.

Une solution pour contourner ce problème consiste à affecter la valeur du paramètre à une variable locale de la procédure. Pour reprendre l'exemple précédent, il suffit de déclarer en local ap et d'écrire au début de la procédure ap :=a; puis ap :=ap/2. Ainsi, Maple remplacera a par 124, ap vaudra 124 lors de l'exécution de ap :=a puis 62 après exécution de ap :=ap/2 comme attendu.

Une deuxième remarque rentre plus dans la catégorie trucs et astuces. Il se peut, et cela arrivera souvent que après avoir écrit et validé le end; final, Maple reste en mode procédure (ce qui se traduit par le fait qu'il ne réécrive pas le texte de votre procédure). La solution consiste à valider et revalider le end; jusqu'à ce que Maple réécrive votre procédure. Ensuite il ne reste plus qu'à remonter jusqu'à la ligne du proc et à tout revalider.

5. Exemples

Bien lire et bien comprendre ces exemples est essentiel pour pouvoir assimiler facilement les différentes procédures des chapitres suivants.

5.1 Résolution d'une équation du second degré

Le premier exemple de procédure que nous allons regarder est une procédure de résolution dans R d'une équation du second degré à coefficients réels $ax^2+bx+c=0$. Cette procédure devra être capable de résoudre toutes les vraies équations du second degré (c'est à dire celles où a est différent de 0).

5.1.1 Analyse du problème

- Classe de problème : résoudre toute vraie équation du second degré
- Paramètres : a, b et c. Ce choix de paramètres est correct puisque la donnée de ces trois paramètres détermine entièrement chaque problème. Notez qu'il y aurait eu d'autres choix de paramètres possibles. Puisque a est non nul, on aurait pu prendre b/a et c/a. Par contre, prendre simplement b et c n'aurait pas été suffisant puisqu'alors notre problème aurait été indéterminé. Pour résoudre une équation du second degré, il faut en effet connaître les valeurs des trois coefficients
- Variables locales dont nous aurons besoin : nous aurons besoin (là encore d'autres choix auraient été possibles) d'une variable pour le discriminant, d'une autre pour les solutions (cette variable devra pouvoir contenir deux valeurs, ce sera donc soit un ensemble soit un tableau).

5.1.2 Algorithme

Réfléchissons maintenant à l'algorithme. Une des manières les plus efficaces pour trouver un algorithme de résolution d'un problème est d'essayer de reproduire ce que l'on fait à la main. Au moins quand ces méthodes " à la main" sont automatisables, c'est à dire qu'elles ne font appel ni à l'initiative ni à l'intuition. En un sens, plus la méthode est "bourrine" plus elle a de chances de pouvoir être transposée directement sous Maple.

La résolution à la main d'une équation du second degré se fait ainsi :

- calcul du discriminant ;
- si le discriminant est strictement positif, calcul de x1 et x2, solutions ;
- si le discriminant est nul calcul de x1, solution unique ;
- si le discriminant est négatif, il n'y a aucune solution.

Chacune de ces étapes peut être directement exécutée par Maple. nous venons donc d'écrire, presque sans nous en rendre compte, l'algorithme de résolution d'une équation du second degré dans R.

5.1.3 Ecriture de la procédure

Ecrivons la procédure et examinons la ensuite en détail.

```
>seconddeg:=proc(a,b,c)
>local solutions,discriminant,x1,x2;
```

```
>discriminant:=b**2-4*a*c;
>if discriminant >0 then
>x1:=(-b+sqrt(discriminant))/(2*a);
>x2:=(-b-sqrt(discriminant))/(2*a);
>solutions:={x1,x2}
>fi;
>if discriminant=0 then
>x1:=-b/(2*a);
>solutions:={x1};
>fi;
>if discriminant<0 then
>solutions:={}
>fi;
>RETURN(solutions);
>end;
```

5.1.4 Utilisation de seconddeg

Stockons dans A,B,C les ensembles solutions de $x^2+x+1=0, x^2+2x+1=0, x^2+x-1=0$:

```
>A:=seconddeg(1,1,1);
A:={}
>B:=seconddeg(1,2,1)
B:={-1}
>C:=seconddeg(1,1,-1);
```

$$C:=\left\{-\frac{1}{2}+\frac{1}{2}\sqrt{5},-\frac{1}{2}-\frac{1}{2}\sqrt{5}\right\}$$

5.1.5 Commentaire de la procédure seconddeg

```
>seconddeg:=proc(a,b,c)
```

On indique à Maple que l'on crée une procédure nommée seconddeg, prenant trois paramètres a, b et c

```
>local solutions,discriminant,x1,x2;
```

On définit ici les variables locales dont nous allons avoir besoin :

- solutions: cette variable contiendra l'ensemble des solutions de l'équation ;
- discriminant: cette variable servira à stocker la valeur du discriminant ;
- x1 et x2: Dans ces deux variables seront stockées les valeurs des racines.

```
>discriminant:=b**2-4*a*c;
```

On calcule la valeur du discriminant.

```
>if discriminant >0 then ... fi
```

On a ici une instruction conditionnelle. Si discriminant est positif, on va exécuter toutes les instructions comprises entre then et fi, sinon Maple va sauter directement à ">if discriminant=0 then"

```
>x1:=(-b+sqrt(discriminant))/(2*a);
>x2:=(-b-sqrt(discriminant))/(2*a);
>solutions:={x1,x2}
```

Ces trois instructions ne sont donc exécutées que si discriminant est strictement positif. On sait qu'alors l'équation à résoudre admet deux solutions. On calcule x1 et x2 et on stocke l'ensemble formé par x1 et x2 dans la variable solutions.

```
>if discriminant=0 then
>x1:=-b/(2*a);
>solutions:={x1};
>fi;
```

De la même manière, on traite le cas où le discriminant est nul. il n'y a alors qu'une solution.

```
>if discriminant<0 then
>solutions:={}
>fi;
```

On traite finalement le cas où le discriminant est négatif. Il n'y a alors aucune solution.

```
>RETURN(solutions);
```

Par cette instruction, on indique à Maple quel est le résultat de la procédure. En effet, Maple ne peut pas savoir quelle variable doit être le résultat de notre procédure parmi x1, x2, discriminant et solutions si on ne le lui indique pas en utilisant RETURN.

5.2 Calcul du $n^{ème}$ terme d'une suite

Cette procédure doit permettre de calculer le $n^{ème}$ terme de la suite définie par $u_{n+1}=2*u_n+5$ pour tout u_0.

5.2.1 Analyse du problème

- classe de problème : calculer le $n^{ème}$ terme de la suite $u_{n+1}=2*u_n+5$
- paramètres : la donnée de u_0 et de n sont les données nécessaires pour pouvoir répondre à la question. Les paramètres de la procédure seront donc u_0 et n.
- variables locales : il n'est pas aussi facile dans cet exemple de savoir a priori de quelles variables nous aurons besoin. Nous les déterminerons donc une fois l'algorithme écrit.

5.2.2 Algorithme

L'algorithme et un petit peu plus difficile à écrire que pour la résolution d'une équation du second degré. A la main, le calcul de u_n se ferait ainsi :

- calcul de u_1 : $u_1 :=2*u_0+5$

- calcul de u_2 : $u_2 :=2*u_1+5$

- calcul de u_3 : $u_3 :=2*u_2+5$

etc.

Le fait que la même action soit répétée plusieurs fois doit vous faire penser à utiliser une boucle. L'action à répéter est : multiplier par 2 la valeur du précédent terme de la suite, ajouter 5 et recommencer.

En terme de variables locales, nous aurons donc besoin d'un compteur pour la boucle (i) et d'une variable représentant le u_i courant dans la boucle.

5.2.3 Ecriture de la procédure

```
>suite:=proc(u0,n)
>local i,u;
>u:=u0;
>for i from 1 to n do
>u:=2*u+5;
>od;
>RETURN(u);
>end;
```

5.2.4 Utilisation de la procédure

Utiliser cette procédure est très simple. Si on veut calculer et stocker dans U la valeur du 150ème terme de u_n, avec $u_0=1$, on écrira :

```
>U:=suite(0,150);
U:=7136238463529799405291429847247475681913733115
```

5.2.5 Commentaires

Il faut d'abord se rappeler la façon selon laquelle Maple exécute une instruction comme u :=2*u+5, qui peut sembler a priori un peu déconcertante.

Maple commence par évaluer la partie droite 2*u+5 et affecte le résultat à u. Ainsi, si u vaut 4 avant l'exécution de cette instruction, Maple calculera 2*4+5=13 et affectera cette valeur à u, qui vaudra donc 13 après exécution de cette instruction.

```
>suite:=proc(u0,n)
>local i,u;
```

On indique à Maple que l'on crée une procédure nommée suite, prenant deux paramètres u0 et n. On déclare deux variables locales i et u. Dans u on stockera les valeurs successives de u_i et i sera le compteur de notre boucle.

```
>u:=u0;
```

On commence par donner à u la valeur initiale u0. On ne peut pas utiliser directement u0, car u0 est un paramètre (voir paragraphe "Remarques et astuces", page 56)

```
>for i from 1 to n do ... od
```

L'ensemble des instructions comprises entre le do et le od va être exécuté n fois. Au premier passage, i vaudra 1, au deuxième 2 et ainsi de suite jusqu'au $n^{ème}$ où i vaut n.

```
>u:=2*u+5;
```

Au premier passage, u vaut u0. Maple exécute u :=2*u+5, donc alors u vaut u1. Au second passage, avant exécution de u :=2*u+5, u vaut u1 et donc u2 après exécution. Au $n^{ème}$ passage, u vaut donc u_n.

```
>RETURN(u);
```

Le "résultat" de notre procédure est bien la valeur de u. C'est pourquoi on finit notre procédure par l'instruction RETURN(u)

```
>end;
```

On indique à Maple la fin de la procédure.

Ce type de méthode où une variable u voit sa valeur remplacée à chaque exécution de la boucle par la valeur du terme suivant d'une suite ou d'une série est extrêmement courante et un peu déroutante au premier abord. Essayez donc de vous y habituer !

6. Débogage d'une procédure

Il n'est pas certain, et même assez peu probable que votre procédure fonctionne dès la première rédaction. "Déboger" une procédure, c'est corriger les erreurs qu'elle contient.

Maple dispose d'un outil très utile pour déboger une procédure, la fonction trace. En utilisant cette procédure, Maple écrit tout ce qu'il fait pendant l'exécution de la procédure.

Essayons, ainsi, de "tracer" la fonction seconddeg :

```
>trace(seconddeg);
seconddeg
>seconddeg(1,2,1);
{→ enter seconddeg, args= 1 , 2 , 1
discriminant:=0;
x1:=-1
solutions:={-1}
← exit seconddeg (now at top level) = {-1}}
{-1}
```

Maple a donc affiché le détail des calculs effectués. Pour annuler l'affichage du détail des calculs, on utilise la fonction untrace :

```
>untrace(seconddeg);
seconddeg
```

Chapitre 6

Dérivation, intégrales et primitives

1. Présentation

Le calcul formel de dérivées, même d'ordre élevée, est un des aspects du calcul formel les plus faciles à programmer. Il suffit en effet d'introduire la dizaine de dérivées des fonctions élémentaires, correspondant à celles que vous avez eu vous à apprendre par cœur (dérivées de ln, de x^n, etc.), puis d'apprendre au logiciel à appliquer un certain nombre de règles simples, automatiques, ne souffrant pas d'exception (les règles sur la dérivation d'une somme, d'un produit, d'un quotient, d'une composition de fonctions ...).

Maple sera donc capable de dériver n'importe quelle fonction, aussi compliquée soit elle. Il sera donc aussi capable de calculer le développement limité de n'importe quelle fonction à n'importe quel ordre. En effet, ce calcul n'est que le calcul d'un grand nombre de dérivations successives.

Le calcul de primitives et d'intégrales présente plus de difficultés théoriques et donc pratiques.

Maple sait cependant intégrer formellement de très nombreuses fonctions. Il connaît en effet toutes les primitives usuelles des fonctions élémentaires (sin, cos, etc.) et utilise des algorithmes complexes, pour réussir à intégrer des fonctions composées à partir de ces fonctions élémentaires.

L'intégration formelle pose cependant une double difficulté. La première est d'ordre algorithmique. Il n'est en effet pas facile de programmer des méthodes d'intégration formelle en raison du caractère non automatique des méthodes d'intégration, contrairement à la dérivation. En effet pour intégrer à la main, il faut souvent, voir, sentir, essayer des méthodes. Il faudra par exemple avoir l'intuition du "bon" changement de variables. La seconde est que toutes les fonctions, même relativement régulières, n'admettent pas nécessairement de primitives. Quand Maple ne parvient pas à déterminer de primitives, il est donc impossible de savoir si il n'a pas réussi à en trouver une ou si la fonction n'en admettait pas.

Quand l'intégration formelle échoue, il reste la possibilité d'utiliser des méthodes d'intégration numérique, en général basées sur le principe des sommes de Riemann.

2. Calcul exact

2.1 Dérivation et développements limités

La dérivation se calcule de manière sensiblement différente selon que l'on travaille sur une fonction ou une expression. On dérive une fonction, on différentie une expression.

2.1.1 Dérivation d'une fonction

La fonction essentielle pour dériver est la fonction D (attention à la majuscule). Cet opérateur prends une fonction comme argument et renvoie une fonction.

D(f)

Dérive f et renvoie une fonction. Voyons son utilisation très simple sur une fonction d'une seule variable :

```
>f:=x->x^2:
>g:=D(f);
g:=x->2x
```

Pour calculer la dérivée "$n^{ème}$" d'une fonction f, la syntaxe de l'opérateur D est modifiée ainsi :

(D@@n)(f)

Calcule la dérivée $n^{ème}$ de la fonction f.

Prenons un exemple :

```
>f:=(sin(x)*cos(x))^12:
>(D@@5)(f);
```

x ->95040 $\sin^7(x)\cos^{17}(x)$ - 1003200 $\sin^9(x)\cos^{15}(x)$ + 2883072 $\sin^{11}(x)\cos^{13}(x)$ - 2883072 $\sin^{13}(x)\cos^{11}(x)$+ 1003200 $\sin^{15}(x)\cos^9(x)$ - 95040 $\sin 1^7(x)\cos^7(x)$

Enfin, D permet aussi de calculer les dérivées d'une fonction de plusieurs variables par rapport à l'une ou l'autre des variables. La syntaxe à utiliser est la suivante :

D[i](f)

Calcule la dérivée de f par rapport à la $i^{ème}$ variable. Prenons encore un exemple :

```
>f:=(x,y)->sin(2*x+3*y+2*x*y):
>D[1](f);
(x,y)->(2+2y)cos(2x+3y+2xy)
>D[2](f);
(x,y)->(3+2x)cos(2x+3y+2xy)
```

2.1.2 Différentiation d'une expression

L'instruction de base pour différentier une expression est l'instruction diff. La syntaxe de cette expression est la suivante :

diff(expression,variable)

Différentie expression par rapport à variable qui peut être n'importe quelle variable non affectée intervenant dans expression.

Prenons un exemple (symétrique de celui pris pour la dérivation d'une fonction) :

```
>f:=x^2:
>diff(f,x);
2x
```

La différentiation d'une expression de plusieurs variables s'exprime de la même manière :

diff(expression,var_1,...,var_n)

Différentie expression par rapport aux n variables var_1,var_2 jusqu'à var_n (et dans cet ordre !) intervenant dans expression.

```
>diff(sin(2*x+3*y+2*x*y),x);
(2+2y)cos(2x+3y+2xy)
>diff(sin(2*x+3*y+2*x*y),y);
(3+2x)cos(2x+3y+2xy)
```

Si l'on veut différentier par rapport à x puis redifférentier le résultat par rapport à y (i.e. calculer $d^2/dxdy$), l'instruction diff autorise d'écrire l'ensemble des variables de différentiation à la suite les unes des autres. Ainsi, écrire diff(f(x,y),x,y) est équivalent à écrire diff(diff(f(x,y),x),y). Si l'on souhaite différentier un grand nombre de fois par rapport à la même variable, il est possible d'utiliser l'opérateur $. Ecrire diff(f(x),x$3) est équivalent à écrire diff(f(x),x,x,x).

2.1.3 Développements limités

Calculer des développements limités à la main peut être très, très pénible (qui n'a jamais peiné en colle sur le développement limité à l'ordre 7 de tan(x) ?). Maple calcule très rapidement et très facilement tous les développements limités imaginables. La fonction à utiliser est la fonction taylor. Sa syntaxe est la suivante :

```
taylor(f(x),x=a,n)
```

Réalise le développement limité de l'expression f(x), en a, à l'ordre n.

Prenons un exemple en calculant le développement limité à l'ordre 6 de tangente en 0 :

```
>A:=taylor(tan(x),x=0,7);
```

$$A:= x+\frac{1}{3}x^3+\frac{2}{15}x^5+O(x^7)$$

Attention, Maple utilise la notation O de Landau et non pas la notation o pour exprimer le reste des développements limités. La notation O signifie que le reste est équivalent à un polynôme de degré 7, tandis que la notation o signifierait que le reste est négligeable devant un polynôme de degré 7.

Si l'on souhaite manipuler ensuite ces développements limités (les additionner, les multiplier, les intégrer, etc.), il est nécessaire de les convertir d'abord en polynômes (ce qui revient à "couper" le reste du développement limité). Cette opération se réalise avec l'instruction convert :

```
convert(DL,polynom)
```

Convertit DL en un polynôme, en supprimant le reste.

```
>A:=convert(A,polynom);
```

$$A:= x+\frac{1}{3}x^3+\frac{2}{15}x^5$$

Il est alors possible de manipuler le développement limité comme n'importe quel polynôme (voir chapitre sur les polynômes, page 95).

2.2 Calcul des primitives et des intégrales

L'instruction fondamentale est l'instruction int. Pour les calculs de primitives, cette instruction prend comme argument une expression et renvoie une expression. Lors du calcul d'intégrales, elle prend également une expression comme argument mais renvoie naturellement un réel.

La syntaxe de l'instruction int est la suivante :

int(f(x),x)

Calcule une primitive de f (effectue le calcul de $\int f(x)dx$). f(x) est une expression quelconque et x est une variable non affectée quelconque représentant l'intégrande.

int(f(x),x=a...b)

Calcule l'intégrale de f entre a et b (effectue le calcul de $\int_{x=a}^{x=b} f(x)dx$). f et x ont la même signification que dans la syntaxe précédente, a et b sont deux réels représentant les bornes de l'intégrale.

Effectuons un premier calcul de primitive en intégrant $\sin^5(x)$:

```
>int((sin(x))**5,x);
```

$$\frac{1}{5}\sin(x)^4\cos(x)-\frac{4}{15}\sin(x)^2\cos(x)-\frac{8}{15}\cos(x)$$

Il est possible de calculer des intégrales multiples en imbriquant les instructions int. Si l'on veut calculer $\iint f(x,y)dxdy$, il suffira d'écrire int(int(f(x,y),x),y). En pratique cela donne pour calculer $\iint x^2y^2dxdy$:

```
>int(int(x**2*y**2),x),y);
```

$$\frac{1}{9}x^3y^3$$

Calculons maintenant une intégrale $\int_{x=0}^{x=\frac{\pi}{6}} \sin^5(x)dx$:

```
>int((sin(x))**5,x=0..Pi/6);
```

$$-\frac{49}{160}\sqrt{3}+\frac{8}{15}$$

Maple donne bien un résultat exact et non pas une approximation décimale. Maple a donc commencé par calculer une primitive de $\sin^5(x)$ puis a calculé l'intégrale en effectuant simplement la différence de la valeur de la primitive en $\pi/6$ et en 0.

Il est même possible de demander à Maple le calcul d'intégrales non-définies (du moins pour certaines d'entre elles). Calculons ainsi $\int_{-\infty}^{\infty} e^{-x^2}\,dx$

```
>int(exp(-x**2),x=-infinity..infinity);
```

$\sqrt{\pi}$

Maple ne saura naturellement pas calculer la valeur de n'importe quelle intégrale non définie, cependant, s'il donne une réponse, cette réponse est nécessairement exacte.

3. Calcul numérique d'intégrales

Parfois, Maple ne parviendra pas à déterminer la primitive d'une expression. Dans ce cas, soit il ne répondra rien, soit il exprimera l'intégrale en fonction d'une autre intégrale, comme dans l'exemple ci-dessous.

Essayons ainsi de calculer $\int \frac{\cos(t)}{t}\,dt$:

```
>int(cos(t)/t,t);
```

Ci(t)

A priori Maple semble avoir réussi à calculer cette primitive. Mais en réalité, Ci est une fonction interne de Maple défini comme étant égale à $\int \frac{\cos(t)}{t}\,dt$, comme vous pourriez le vérifier dans l'aide (en tapant ?Ci). Maple a donc simplement réécrit notre demande. Il n'y a à partir de là aucune chance d'obtenir une primitive de cette fonction avec Maple. Il est cependant possible d'avoir une valeur numérique approchée de l'intégrale. Calculons ainsi $\int_{\pi/6}^{\pi/12} \frac{\cos(x)}{x}\,dx$:

```
>int(cos(x)/x,x=Pi/6..Pi/12);
```

Ci(π/6)-Ci(π/12)

Là encore, nous ne sommes pas tellement avancés. Maple nous réponds ceci parce qu'il ne parvient pas à réaliser un calcul exact de cette intégrale. Il faut forcer Maple à exécuter ce calcul de manière approchée en utilisant l'instruction evalf.

```
>evalf(");
0.6424723108
```

4. Aider Maple avec le package student

Lorsque que nous avons appris à utiliser les possibilités graphiques de Maple dans le chapitre 4, nous avons chargé de nouvelles instructions en mémoire en chargeant le package plots avec l'instruction with(plots). Il existe dans le package student un certain nombre d'instructions concernant le calcul de primitives et d'intégrales, qu'il faut charger en mémoire spécifiquement.

Les deux fonctions que nous allons étudier permettent de réaliser des intégrations par parties et des changements de variable. Utiliser ces deux fonctions peut permettre d'aider Maple à calculer des primitives, en lui faisant réaliser le "bon" changement de variables, ou la bonne intégration par parties.

Avant d'apprendre à utiliser ces deux fonctions, il est utile d'apprendre à utiliser la fonction Int. La fonction Int est la version dite inerte de la fonction int (inerte, parce qu'elle n'exécute pas immédiatement le calcul). La syntaxe de l'instruction Int est exactement la même que celle de l'instruction int. Simplement quand l'instruction Int est validé, Maple n'évalue pas l'intégrale, il se contente de la réécrire. Il est possible de faire ensuite effectuer le calcul en utilisant la fonction value :

```
>Int(x^2,x);
```

$$\int x^2 dx$$

```
>value(");
```

$$\frac{1}{3}x^3$$

Voyons maintenant les syntaxes de changevar (changement de variables) et intparts (intégration par parties).

```
changevar(u=g(x),Int(h(x),x),u)
```

Cette fonction change la variable x dans $\int h(x)dx$ par la variable u, en faisant le changement de variable u=g(x). Si dans la fonction Int, on a indiqué des bornes d'intégration pour calculer une intégrale, le changement de variable effectue aussi le changement de bornes.

```
intparts(Int(u(x)*v(x),u(x))
```

Cette fonction réalise une intégration par parties dans $\int u(x)v(x)dx$, en dérivant u et en intégrant v.
Prenons un exemple en réalisant le changement de variable u=cos(x)+1 dans $\int(\cos(x)+1)^3\sin(x)dx$.

```
>changevar(u=cos(x)+1,Int((cos(x)+1)**3*sin(x),x),u);
```

$$\int -u^3 du$$

Intégrons pas parties $\int x\ln(x)dx$ en intégrant x et en dérivant ln(x) :

```
>intparts(Int(x*ln(x),x),ln(x));
```

$$\frac{1}{2}\ln(x)x^2 - \int \frac{1}{2}x dx$$

5. Programmation d'une méthode de calcul numérique d'intégrales

5.1 Présentation de la méthode

La méthode que nous allons programmer est la méthode des rectangles à gauche. Elle permet d'avoir une valeur approchée de l'intégrale d'une fonction continue f entre deux réels a et b (b>a). Rappelez-vous que $\int_a^b f(x)dx$ est égale à l'aire (algébrique) de la surface comprise entre la courbe et l'axe des abscisses. On remplace le calcul exact de cette aire par le calcul de la somme des aires des rectangles de la figure suivante.

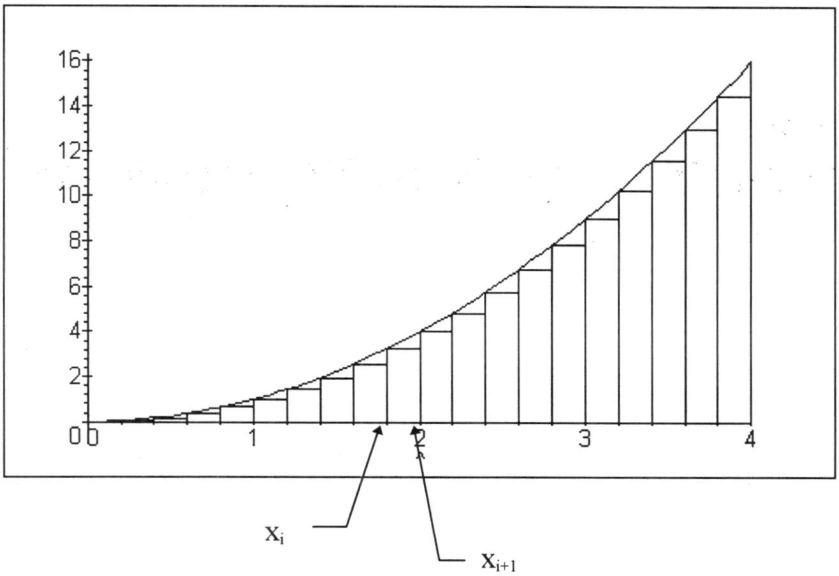

Pour avoir une valeur approchée numérique de $\int_a^b f(x)dx$, on découpe donc [a,b] en n sous intervalles égaux $[x_i,x_{i+1}]$. Pour chaque intervalle $[x_i,x_{i+1}]$, on remplace $\int_{x_i}^{x_{i+1}} f(x)dx$, par l'aire du rectangle correspondant $f(x_i) * \frac{b-a}{n}$, puisque $x_{i+1} - x_i = \frac{b-a}{n}$.

Les théorème de convergence de Riemann nous apprennent que quand n tends vers l'infini, la somme des aires des rectangles tends vers $\int_a^b f(x)dx$.

5.2 Paramètres et algorithmes

Les paramètres de notre procédure rectgauche vont être f, la fonction dont on veut calculer l'intégrale, a et b, les bornes de l'intégrale et n le nombre de rectangles calculés (et donc la précision). En effet la donnée de ces différentes valeurs est nécessaire et suffisante pour calculer la valeur de l'intégrale.

L'algorithme de calcul va consister à répéter n fois l'ensemble des opérations suivantes :

- calculer l'abscisse du rectangle à gauche courant

- calculer son aire

- ajouter cette aire à l'aire totale courante (somme de tous les rectangles à gauche du rectangle courant)

- passer au rectangle suivant

5.3 Procédure

```
>rectgauche:=proc(f,a,b,n)
>local s,x,i,h;
>h:=(b-a)/n;
>s:=0;
>for i from 0 to n-1 do
>x:=a+i*h;
>s:=s+f(x)*h;
>od;
>s:=evalf(s);
>RETURN(s);
>end;
```

5.4 Utilisation et commentaire de la procédure

L'utilisation de notre procédure est très simple. Supposons que l'on veuille calculer $\int_0^4 x^2 dx$ et stocker le résultat dans z :

```
>z:=rectgauche(x->x^2,0,4,5000);
 z:=21.32693376
```

Notez que le premier paramètre est bien une fonction (x->x^2) et non pas une expression (x^2) puisque dans la procédure le premier paramètre est traité comme une fonction (utilisation de f(x) et pas de subs(f,x)).

Vérifions que ce résultat est correct :

```
>evalf(int(x^2,x=0..4);
21.3333333
```

Notre procédure donne donc un résultat correct.

Cette procédure est la transposition directe de l'algorithme en langage Maple.

```
>local s,x,i,h;
```

On commence par déclarer les variables locales dont on aura besoin : s aura pour valeur la somme des aires des i premiers rectangles, x aura pour valeur l'abscisse du côté gauche du rectangle, i sera le numéro du rectangle en cours de calcul, et h sera la valeur de la distance entre x_i et x_{i+1} (h=(b-a)/n).

```
>h:=(b-a)/n;
>s:=0;
```

On donne à h la valeur (b-a)/n (épaisseur d'un rectangle).

On initialise s à 0. En effet dans s on stockera au fur et à mesure la valeur de la somme des i premiers rectangles. Donc avant la boucle, s doit être nul.

```
>for i from 0 to n-1 do ... >od
```

Ces deux instructions vont permettre d'exécuter n fois l'ensemble des instructions comprises entre le do et le od. Au premier passage i vaudra 0, puis 1, puis 2 et au $n^{\text{ème}}$ passage i vaudra n-1.

```
>x:=a+i*h;
>s:=s+f(x)*h;
```

Cet ensemble d'instruction est répété n fois. A chaque passage, la valeur de x change et vaut a+i*h (donc a, a+h, a+2h, a+3h, etc jusqu'à a+(n-1)*h). x vaut donc successivement l'abscisse gauche des différents rectangles.

f(x)*h représente donc au $i^{\text{ème}}$ passage l'aire du $i^{\text{ème}}$ rectangle. Avant le début de la boucle s vaut zéro. Au premier passage s+f(x)*h vaut donc f(x)*h, Maple calcule cette valeur et la stocke dans s. s vaut donc l'aire du premier rectangle. Au deuxième passage, f(x)*h est l'aire du deuxième rectangle puisque x est l'abscisse gauche de ce deuxième rectangle. En effectuant, s :=s+f(x)*h, Maple calcule s+f(x)*h et stocke le résultat dans s. Donc au deuxième passage, s a comme valeur la somme des aires des deux premiers rectangles. Ainsi, à la fin du $n^{\text{ème}}$ passage, s vaut la somme des aires de tous les rectangles.

```
>s:=evalf(s);
```

Cette instruction a été insérée pour que rectgauche sorte une valeur décimale et pas une énorme fraction (puisque Maple calcule de manière exacte, i.e. sans passer par les approximations décimales).

```
>RETURN(s);
```

Cette instruction est là parce que c'est la valeur de s qui doit être le "résultat" de notre procédure.

```
>end;
```

Cette instruction indique à Maple la fin de la procédure.

Chapitre 7
Résolution d'équations

1. Présentation

La résolution d'équations avec Maple ressemble par de nombreux aspects au calcul d'intégrales et de primitives. Il n'existe en effet pas d'algorithme général permettant de résoudre à coup sûr toutes les équations possibles et imaginables, de donner toutes leurs solutions exactement.

Comme pour le calcul des primitives et des intégrales, on retrouvera donc deux manières d'avoir des résultats :

- une manière exacte donnant les solutions de l'équations sous forme exacte. Cette méthode relève du calcul formel et ne fonctionnera que sur certaines équations ;
- une manière numérique, qui ne donnera qu'une seule des solutions et encore sous forme approchée, mais qui fonctionnera toujours. Cette méthode relève du calcul numérique.

Cependant, le problème de la résolution des équations est encore plus complexe que celui de l'intégration et la plus grande prudence sera de rigueur lors de l'analyse des résultats fournis par Maple.

En effet, le nombre des solutions d'une équation n'est pas connu a priori dans le cas général, nous ne pourrons donc pas, sauf dans certains cas particuliers, être certain que Maple nous a donné toutes les solutions de l'équation, même quand la résolution formelle a a priori fonctionné.

Malgré toutes ces réserves et ces conseils de prudence, Maple reste un outil extrêmement puissant pour résoudre toutes sortes d'équations comme nous allons le voir dans ce chapitre.

En effet Maple peut résoudre des équations, des systèmes d'équations, déterminer les zéros d'un polynôme, les points d'intersection de deux fonctions, etc.

2. Résolution exacte des équations

L'instruction essentielle pour résoudre les équations de manière exacte est l'instruction solve. La syntaxe générale de cette équation est la suivante :

```
solve(expression,variable).
```

où expression est l'équation à résoudre : 2*x=3*x+5 par exemple

et variable est l'inconnue de expression. Dans l'exemple précédent, variable est x.

```
>solve(2*x=3*x+5,x);
-5
```

Bien sûr, variable doit être une variable non affectée. Si ce n'était pas le cas, rappelez-vous que Maple remplacerait variable par sa valeur avant d'essayer de résoudre l'équation, ce qui n'aurait pas grand sens !

Souvenez-vous aussi (paragraphe "Fonctions & expressions", page 33) que si l'équation que vous avez à résoudre est sous la forme d'une fonction et non pas d'une expression, il est très facile de transformer votre fonction en expression :

```
>f:=x->2*x:g:=3*x+5:
>solve(f(x)=g(x),x));
-5
```

Cette instruction solve est l'exact pendant de la précédente instruction solve.

Nous verrons dans la suite qu'expression et variable peuvent aussi être un ensemble d'expressions et un ensemble de variables.

2.1 Résolution d'équations à une inconnue

Commençons par un exemple extrêmement simple. Résolvons l'équation $x^2=4$.

```
>solve(x**2=4);
2,-2
```

Naturellement, il est possible de résoudre des équations dépendant d'un paramètre non numérique :

>solve(a*x=4);

$$\frac{4}{a}$$

Ce résultat fait apparaître une des failles importantes de Maple. Maple vérifie très peu les conditions de validité de ses calculs. En effet, si a est nul, la solution de cet équation n'est sûrement pas 4/a.

Prenons un autre exemple du même acabit :

```
>solve(x**2=a);
```

$\sqrt{a}, -\sqrt{a}$

La aussi, cette solution n'est valable que si a est positif.

Ce problème, important, existe pour presque toutes les fonctions de Maple, pas uniquement pour l'instruction solve. Il est donc toujours très important de conserver un œil critique sur les résultats fournis par Maple, comme par tout logiciel d'ailleurs.

Considérons maintenant l'équation cos(x)=x. Cette équation n'a pas de solution exacte. Demandons quand même à Maple de la résoudre de manière exacte :

```
>solve(cos(x)=x,x);
```

Maple ne nous répond rien. Cela signifie qu'il n'a pas réussi à déterminer de solution exacte. Dans le cas présent, il n'y en a effectivement pas, mais cela signifie simplement que Maple n'en a pas trouvé.

2.2 Résolution de systèmes d'équations

Maple peut résoudre des systèmes d'équation. Nous allons voir comment adapter la fonction solve à la résolution de systèmes. Cette méthode a une portée assez générale et sera utilisée dans d'autres instructions. Dans solve(équation,variable), on remplacera "équation" par un ensemble d'équations et "variable" par un ensemble de variables. On utilisera les notations pour les ensembles vues au paragraphe "Les ensembles" page 26.

```
solve({equation_1,equation_2,..,equation_n},{inconnue_1,..,inconnue_p})
```

où equation_1, equation_2 ... equation_n sont les équations de notre système et inconnue_1,...,inconnue_p les inconnues de ce système.

Résolvons le système suivant :

$$\begin{cases} x - y + z = 3 \\ x + 2y - z = 5 \\ -3x - 4y + 3z = 1 \end{cases}$$

```
>solve({x-y+z=3,x+2*y-z=5,-3*x-4*y+3*z=1},{x,y,z});
{x=0,y=8,z=11}
```

Maple nous répond donc en nous donnant l'ensemble des solutions. Si il n'y en avait pas eu, la réponse aurait été l'ensemble vide {}.

Il est possible de faire résoudre à Maple des systèmes de n équations à p inconnues où p est supérieur à n. Résolvons

$$\begin{cases} x - y + z = 3 \\ x + 2y - z = 5 \end{cases}$$

```
>solve({x-y+z=3,x+2*y-z=5},{x,y,z});
```

$$\left\{ z = \frac{3}{2}y - 1, y = y, x = -\frac{y}{2} + 4 \right\}$$

Là encore, il aurait été possible, de mettre des paramètres littéraux, sous forme de variable non affectées, à la place des coefficients numériques. La résolution de systèmes d'équations linéaires par Maple est toujours correcte. Vous êtes certain d'avoir toutes les solutions.

Notez qu'il est possible de demander la résolution exacte de systèmes non linéaires, mais que dans ce cas il n'est pas certain que Maple parvienne à les résoudre.

2.3 Le cas particulier des zéros d'un polynôme

Il est très souvent utile, que ce soit en mathématiques ou en physiques de connaître les zéros d'un polynôme. La méthode générale pour déterminer les zéros d'un polynôme est la même que pour n'importe quelle expression, avec quelques ajustements.

Demandons à Maple de résoudre $z^6+z^5+z^4+z^3+z^2+z+1=0$.

```
>solve(z**6+z**5+z**4+z**3+z**2+z+1=0);
```

$\mathrm{RootOf}(\_Z^6+\_Z^5+\_Z^4+\_Z^3+\_Z^2+\_Z+1)$

La signification de Root Of est la suivante : racines de. Maple nous répond que les solutions de notre équation sont les racines de $z^6+z^5+z^4+z^3+z^2+z+1$. Il est possible d'accéder à la valeur de ces racines en utilisant la fonction allvalues ("toutes les valeurs"). Si Maple ne parvient pas à donner des valeurs exactes, il donnera des valeurs approchées. Continuons la recherche des racines de $z^6+z^5+z^4+z^3+z^2+z+1$.

```
>allvalues(");
```

-.9009688679-.4338837391I, -.9009688679+.4338837391I, -.2225209340-.9749279122I, -.2225209340+.9749279122I, .6234898019-.7818314825I, 6234898019+.7818314825I

Le I utilisé dans cette expression est bien sûr le I des complexes.

Notez que la fonction RootOf est souvent utilisée par Maple pour donner les résultats d'une recherche de racines d'une expression, même si celle-ci n'était pas un polynôme initialement. Il est alors de même possible d'utiliser la fonction allvalues.

2.4 La notation %i

Demandons à Maple de résoudre $x^3+ax+1=0$, où a est un paramètre inconnu quelconque.

```
>solve(x**3+a*x+1=0,x);
```

$$\%1^{1/3}-\frac{1}{3}\frac{a}{\%1^{1/3}},-\frac{1}{2}\%1^{1/3}+\frac{1}{6}\frac{a}{\%1^{1/3}}+\frac{1}{2}I\sqrt{3}(\%1^{1/3}+\frac{1}{3}\frac{a}{\%1^{1/3}}),$$

$$-\frac{1}{2}\%1^{1/3}+\frac{1}{6}\frac{a}{\%1^{1/3}}-\frac{1}{2}I\sqrt{3}(\%1^{1/3}+\frac{1}{3}\frac{a}{\%1^{1/3}})$$

$$\%1=-\frac{1}{2}+\frac{1}{18}\sqrt{12a^3+81}$$

Maple a bien trouvé trois solutions dont deux conjuguées, mais que signifie le signe %1 ? C'est en fait une simple commodité d'affichage. L'écriture des trois solutions est très compliquée. Pour alléger les notations, Maple a défini une variable %1, dont la valeur est indiquée à la fin de l'expression ($\%1=-\frac{1}{2}+\frac{1}{18}\sqrt{12a^3+81}$). Pour avoir l'expression complète des solutions, il suffirait donc de remplacer %1 par sa valeur. Parfois Maple utilisera plusieurs variables de ce type, elles seront alors nommées %1, %2, %3 etc.

Vous rencontrerez sûrement cette notation %i dans d'autres réponses de Maple. Maple utilise en effet cette notation à chaque fois que cela permet de simplifier l'écriture de sa réponse. Vous pouvez réutiliser %1 dans la suite de la session. %1 est une variable comme les autres, si ce n'est qu'elle a été créée par Maple et non pas par vous.

3. Résolution numérique

3.1 L'instruction fsolve

Lorsque Maple ne parvient pas à résoudre de manière exacte une équation, mais qu'il existe une solution, il est possible de lui demander de résoudre cette équation en utilisant l'instruction fsolve.

La syntaxe générale de l'instruction fsolve est la suivante :

```
fsolve(expression,variable=a..b);
```

expression et variable sont exactement la même chose que pour l'instruction solve. Expression est l'équation à résoudre et variable l'inconnue considérée. a..b représente l'intervalle de recherche de la racine. Maple déterminera numériquement une (et non pas toutes) des racines comprises entre a et b.

On peut ainsi résoudre l'équation cos(x)=x :

```
>fsolve(cos(x)=x,x=0..1);
0.7390851332
```

Il est important de préciser l'intervalle de résolution. En son absence, Maple donnerait une solution parmi toutes les solutions sur R.

Attention, contrairement à solve qui résolvait les équations dans C, fsolve travaille seulement dans R

3.2 Une méthode pour avoir "tous" les zéros d'une expression numériquement

Une difficulté soulevée par l'utilisation de la fonction fsolve est la nécessité de savoir à priori les intervalles où se situent les zéros de la fonction ou de l'expression étudiée.

Ceci peut sembler a priori extrêmement limitant, mais c'est loin d'être le cas. Il existe en effet deux méthodes pour pallier cette difficulté.

La première et la plus rigoureuse est celle que vous pratiquez depuis la terminale. L'étude complète de la fonction, avec son tableau de variation permet de connaître les changements de signe de la fonction considérée et donc les différents intervalles dans lesquels se situent les zéros de la fonction. Cette étude peut cependant être difficile à mener quand la fonction est complexe.

Une seconde méthode beaucoup plus rapide consiste à utiliser les facilités graphiques de Maple. On détermine, graphiquement, dans un premier temps les valeurs approximatives des zéros de l'expression. Dans un deuxième temps, on utilise l'instruction fsolve pour avoir une valeur précise de ces zéros.

Résolvons en utilisant cette deuxième méthode l'équation sin(x)=x/8 sur R+.

Commençons par tracer sin(x)-x/8=0 (voir chapitre 4, page 35) sur [0,8]. Les ordonnées sont restreintes à [-0.1,0.1] pour mieux voir les intersections avec l'axe des abscisses.

```
>plot(sin(x)-x/8,x=0..8,y=-0.1..0.1);
```

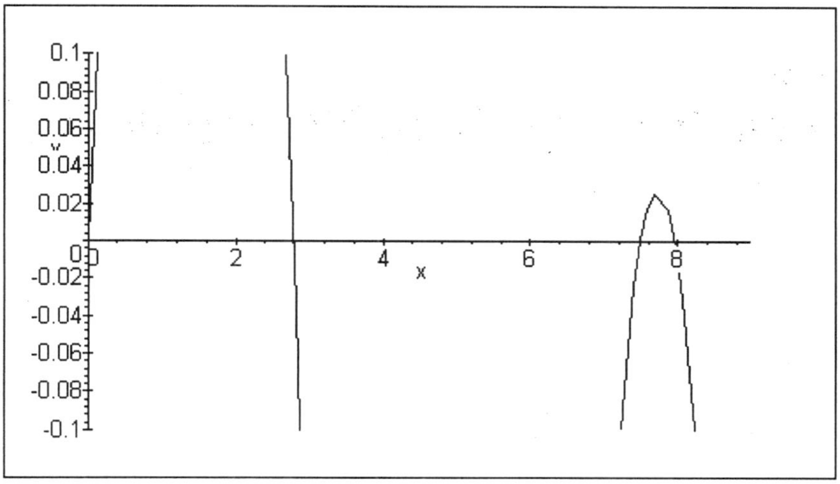

En cliquant avec la souris sur un tel graphique, Maple affiche en bas de la fenêtre les coordonnées du pointeur de la souris (et non pas, faîtes attention, les coordonnées du point de la courbe le plus proche du curseur). En utilisant cette méthode, on détermine que les trois racines de sin(x)=x/8 (excepté x=0) sont près respectivement de 2,5 7,5 et 7,9. Pour avoir de très bonnes approximations des solutions de cette équation, il suffit donc d'utiliser la fonction fsolve sur trois intervalles entourant ces trois valeurs.

```
>fsolve(sin(x)=x/8,x=2.5..3);fsolve(sin(x)=x/8,x=7.4..7.6);fsolve(sin(x)=x/8
;x=7.8..8.2);
2.785902114, 7.497754811, 7.957321494
```

4. Programmation d'une méthode numérique de résolution: la dichotomie

Afin de continuer à apprendre des techniques de programmation, et pour mieux comprendre ce qui peut se passer quand Maple résout numériquement une équation, nous allons programmer la méthode la plus connue de résolution numérique : la méthode de la dichotomie.

4.1 Présentation de la méthode et du problème

Notre procédure dichotomie doit être capable de résoudre le problème suivant.

Etant donné une équation (donnée sous la forme f(x)=0 où f est une fonction continue de R dans R), et un intervalle de recherche [a,b] où f(x)=0 admet une solution unique et une seule, trouver cette solution.

La méthode de la dichotomie est la suivante. On divise [a,b] en deux intervalles égaux, on conserve l'intervalle où se trouve la racine, intervalle nommé alors

$[a_1,b_1]$et on recommence en le coupant à nouveau en deux. On s'arrête quand la largeur de l'intervalle est inférieure à un certain ε. On sait alors que la racine de f(x)=0 est comprise entre a_n et b_n. a_n et b_n sont alors chacun une approximation, par défaut et par excès de la racine à ε près.

4.2 Paramètres et algorithmes

Les paramètres de la procédure dichotomie vont donc être a, b, f et e. En effet la donnée de f définit l'équation à résoudre, celle de a et b l'intervalle de recherche et e la précision souhaitée. Une fois ces quatre paramètres fixées, notre problème est entièrement défini (i.e. suffisamment pour permettre la résolution).

Puisque f est continue et puisqu'il y a un unique zéro dans [a,b], f(a) et f(b) sont nécessairement de signes différents. Pour les besoins de l'explication, supposons f(a)>0 et donc f(b)<0. Soit m le milieu de [a,b], m=(a+b)/2. Calculons f(m). Si f(m)>0, alors la racine ne peut être comprise qu'entre m et b, sinon elle est comprise entre a et m. On recommence alors en reprenant comme intervalle initial [a,m] ou [m,b] selon le signe de f(m) comme expliqué plus haut. On s'arrête quand la distance entre les bornes de l'intervalle est inférieure à un certain e, précision fixée par l'utilisateur de la procédure.

4.3 Procédure

```
>dichotomie:= proc(f,a,b,e)
>local ap,bp,m;
>ap:= a;
>bp:= b;
>while e <evalf(abs(ap-bp)) do
> m:=evalf(1/2*ap+1/2*bp);
> if 0 <evalf(f(ap)*f(m)) then ap:= m else bp:= m fi;
>od;
>RETURN(m)
>end;
```

4.4 Utilisation et commentaire de la procédure

Utilisons la procédure que nous venons d'écrire pour calculer une valeur approchée à 0.001 près de la racine de f(x)=sin(x)-x/8 comprise entre 2 et 3.

```
>Racine:=dichotomie(x->sin(x)-x/8,2,3,0.001);
Racine:=2.786132813
```

Attention, le paramètre à saisir pour définir l'équation est une fonction. En effet, dans la procédure nous avons utilisé f comme une fonction (calcul de f(a), f(m) etc.). C'est pourquoi nous n'avons pas fourni comme paramètre sin(x)-x/8 qui aurait été une expression, mais x->sin(x)-x/8 qui est bien une fonction.

```
>dichotomie:=proc(f,a,b,e)
```

On déclare que notre procédure dichotomie prendra quatre paramètres f, a, b et e.

```
>local ap,bp,m;
```

On définit trois variables locales. ap et bp auront comme valeurs successives les valeurs des bornes de l'intervalle courant (ap étant toujours la borne inférieure et bp la borne supérieure). Rappelez-vous que l'on ne pouvait pas utiliser a et b directement pour jouer ce rôle parce que a et b sont des paramètres.

```
>ap:= a;
>bp:= b;
```

On donne à ap et bp leurs valeurs initiales a et b.

```
>while e<evalf(abs(ap-bp)) do ... od;
```

L'ensemble des instructions comprises entre le do et le od vont être répétées tant que e<evalf(abs(ap-bp)), c'est à dire tant que la précision voulue n'est pas atteinte. En effet, la racine étant comprise par construction entre ap et bp, dès que abs(ap-bp)<e, on sait que ap ou bp sont une valeur approchée de la racine à e près.

```
> m:=evalf(1/2*ap+1/2*bp);
> if 0 <evalf(f(ap)*f(m)) then ap:= m else bp:= m fi;
```

Ces deux instructions sont exécutées en boucle. On commence par calculer la valeur m du milieu de [ap,bp]. Avec l'instruction suivante, si f(ap) et f(m) sont du même signe, on remplace ap par m, sinon on remplace bp par m.

```
>RETURN(m)
```

On renvoie comme résultat de la procédure le milieu de [ap,bp]. On aurait aussi bien pu renvoyer ap ou bp.

```
>end;
```

Cette dernière instruction indique à Maple la fin de la procédure.

Chapitre 8
Résolution d'équations différentielles

1. Présentation

Maple offre un certain nombre d'outils pour résoudre de manière exacte des équations différentielles d'ordre quelconque a priori. Cependant, il faut savoir que la résolution exacte d'équations différentielles est un domaine pour lequel peu d'algorithmes de résolution sont disponibles. Il ne faut donc pas s'attendre à ce que Maple soit capable de résoudre des équations différentielles très compliquées. Il sera cependant toujours intéressant et peu coûteux en terme de temps et d'effort de lui demander d'essayer.

Là encore, quand Maple n'aura pas été capable de résoudre de manière exacte une équation différentielle, il sera possible de lui demander de déterminer une solution numérique de manière approchée. Il faudra cependant être prudent en utilisant le résultat de ce calcul numérique, nous verrons pourquoi.

2. Résolution exacte des équations différentielles

L'instruction essentielle pour la résolution d'équations différentielles est l'instruction dsolve. Sa syntaxe générale est la suivante :

```
dsolve(eqdif,fctinconnue)
```

où eqdif est l'équation différentielle à résoudre et fctinconnue la fonction inconnue dans l'équation différentielle.

Notez, comme vous le verrez dans les deux paragraphes suivants que l'écriture d'équations différentielles peut conduire à des formules peu explicites. Afin de vérifier que votre frappe est correcte, vous pouvez utiliser l'instruction Dsolve. Cette instruction, forme inerte de dsolve, se contente de réécrire votre demande. Vous pouvez alors appliquer l'instruction value pour faire effectivement réaliser le calcul.

2.1 Sans conditions initiales

Prenons un exemple pour expliciter cette syntaxe, un peu plus compliquée que d'ordinaire. Imaginons que l'on veuille résoudre y'-2y=1 en y(x).

Cela s'écrit ainsi :

```
>dsolve(D(y)(x)-2*y(x)=1,y(x));
```

Commentons cette instruction. y est une fonction, donc D(y) est une fonction (voir paragraphe "Dérivation d'une fonction", page 64). D(y)(x) est donc bien y'(x). 2*y(x) soulève moins de questions. On indique comme deuxième paramètre quelle est la fonction inconnue, ici c'est bien y(x). Maple donne la réponse suivante à l'instruction précédente :

$$y(x) = -\frac{1}{2} + e^{2x}\_C1$$

Cette réponse ne se lit pas "moins un demi plus e puissance 2x moins C1". En fait _C1 est le nom complet d'une constante. Le _ est là pour rappeler à l'utilisateur qu'il n'a pas défini lui-même cette variable, mais que c'est Maple qui l'a fait de sa propre initiative. Cette réponse se lit donc "moins un demi plus _C1 que multiplie e puissance 2x "

La présence de cette constante ne doit pas vous surprendre puisque vous savez que l'ensemble des solutions d'une équation différentielle linéaire de premier ordre est un espace affine de dimension 1 dans le cas général.

On peut demander à Maple de résoudre des équations différentielles nettement plus complexes : $\sin(x) * y'(x) - \cos(x) * y(x) = ((\sin(x))^2 * e^x$

```
>dsolve(sin(x)*D(y)(x)-cos(x)*y(x)=exp(x)*(sin(x))**2,y(x));
```

$$y(x) = \sin(x)e^x + \sin(x)\_C1$$

2.2 Avec conditions initiales

Maple est capable de résoudre des systèmes d'équations différentielles. L'introduction de conditions initiales se fait de la manière suivante : on considère les conditions initiales comme autant d'équations différentielles supplémentaires ($y(x_0)=y_0$ peut être considérée comme une équation différentielle, certes très dégénérée !).

Comment cela se traduit-il en termes de syntaxe ? Rappelez-vous que pour résoudre des systèmes d'équations avec solve, on avait remplacé une équation par un ensemble d'équations. Ici, de même, on remplacera eqdif par un ensemble formé de l'équation différentielle et des conditions initiales.

```
dsolve({eqdif,condinit},fctinconnue)
```

où eqdif est l'équation différentielle à résoudre, condinit la condition initiale et fctinconnue la fonction inconnue dans l'équation différentielle.

Résolvons donc y'-2y=1 avec comme condition initiale y(0)=1 :

```
>dsolve({D(y)(x)-2*y(x)=1,y(0)=1},y(x));
```

$$-\frac{1}{2}+\frac{3}{2}e^{2x}$$

La solution est bien maintenant unique et ne fait donc plus apparaître de constantes.

La condition aux limites aurait aussi bien pu porter sur y'. Si l'on avait voulu imposer y'(0)=1 l'instruction dsolve se serait écrite ainsi :

```
>dsolve({D(y)(x)-2*y(x)=1,D(y)(0)=1},y(x));
```

$$y(x)=-\frac{1}{2}+\frac{1}{2}*e^{2x}$$

Demandons à Maple de résoudre y'(x)-x^2*y(x)=1.

```
>dsolve(D(y)(x)-x^2*y(x)=1,y(x));
```

$$y(x)=e^{(1/3x^3)}\int e^{-1/3x^3}dx+e^{(1/3x^3)}\_C1$$

Maple n'est donc pas parvenu au terme de la résolution exacte de cette équation différentielle.

Nous allons voir dans le paragraphe suivant comment obtenir quand même une réponse.

3. Résolution numérique : comment aller au delà de Maple

3.1 Méthode

Quand Maple n'est pas parvenu à déterminer une solution exacte, il est possible de lui demander une approximation numérique. Contrairement à ce qui se passait avec l'instruction solve, c'est toujours la même instruction dsolve que l'on va utiliser. Il faudra simplement rajouter une option, numeric, à la fin de l'instruction.

La syntaxe général de l'instruction dsolve, pour une résolution numérique sera donc :

```
dsolve({equadif,conditionsinitiales},fonctioninconnue,numeric)
```

Les deux premiers arguments sont exactement les mêmes que pour une résolution exacte. Il faut noter simplement que les conditions initiales sont obligatoires. La donnée des conditions initiales est en effet à la base des méthodes de résolution.

Essayons donc de résoudre $y'(x)-x^2*y(x)=1$.avec $y(1)=2$:

```
>Y:=dsolve({D(y)(x)-x^2*y(x)=1,y(1)=2},y(x),numeric);
Y:=proc(rkf45_x)...end
```

Voilà une réponse qui ne semble pas beaucoup nous avancer ! Essayons de comprendre ce qui s'est passé. Maple a résolu numériquement notre équation différentielle. Cette résolution a créé une procédure capable de calculer des valeurs approchées de la solution. Cette procédure est la procédure proc(rkf45_c)..end. Cette procédure a été affectée à Y, puisque nous avions pris la précaution d'écrire Y :=dsolve(...). Y est donc maintenant une procédure que l'on peut utiliser pour calculer des valeurs approchées de la solution pour diverses valeurs de x. Il suffit de demander $Y(x_0)$ où x_0 est un réel quelconque

```
>Y(1);
[x=1,y(x)=2]
```

Voilà qui est rassurant ! Plus intéressant maintenant :

```
>Y(2);
[x=2,y(x)=20.62451739521007]
```

Nous verrons au paragraphe "Les problèmes de la résolution numérique" (page 89) quelles sont les limitations de ce procédé.

Avoir quelques valeurs ainsi est intéressant, mais le plus intéressant est de parvenir à avoir une courbe représentative de la solution. C'est ce que nous allons voir au paragraphe suivant.

3.2 Représentation graphique d'une solution numérique

Pour représenter graphiquement une solution numérique d'équation différentielle, il faut utiliser l'instruction odeplot. Cette instruction ne fait pas partie du noyau de Maple mais du package plots (voir paragraphe "Courbes définies implicitement et package plots", page 41). Avant de pouvoir l'utiliser, il faut donc charger le package plots par l'instruction with (plots).

La syntaxe de l'instruction odeplot est la suivante :

```
odeplot(resultat,[inconnue,fonction],a..b)
```

où

- resultat : est la solution de la résolution numérique (dans notre exemple Y) ;
- inconnue : c'est la variable de l'équation différentielle (dans notre exemple) ;
- fonction : c'est la fonction inconnue de l'équation différentielle (dans notre exemple y(x)) ;
- a..b est l'intervalle sur lequel on souhaite tracer la solution.

Pour tracer le résultat obtenu à la fin du paragraphe précédent sur [-1,1], on écrira donc :

```
>with(plots):
>odeplot(Y,[x,y(x)],-1..1);
```

Et on obtiendra le graphique suivant :

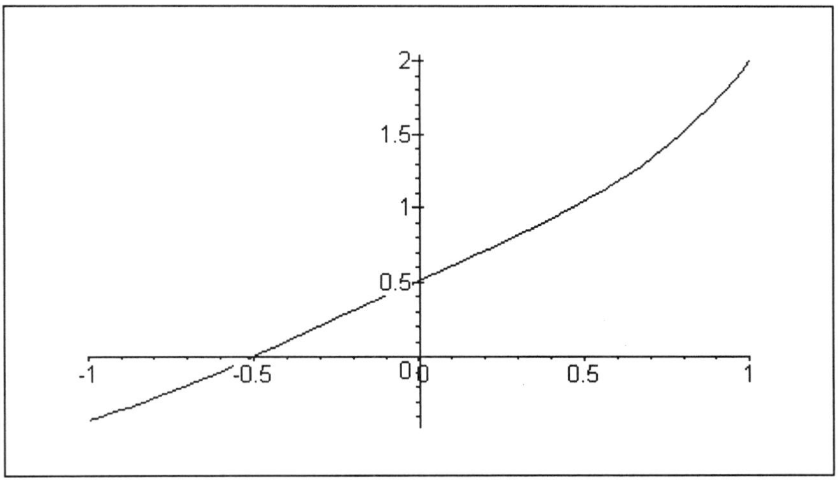

3.3 Les problèmes de la résolution numérique

La résolution numérique d'une équation différentielle repose sur le principe suivant. On part des conditions initiales, conditions qui définissent un point appartenant à la courbe représentative de la solution. On réalise une approximation de la courbe représentative en effectuant des développements limités, ce qui nous permet de calculer le point suivant de la courbe (voir paragraphe "Programmation d'une méthode numérique de résolution d'équations différentielles", page 91). Et on recommence à partir de ce nouveau point. Le problème essentiel de ce genre de méthode est la nécessaire accumulation d'erreurs. La solution n'est valable que pour des valeurs proches des conditions initiales.

Voyons ainsi la différence entre la résolution exacte de l'équation y'(x)=1-2*x*y(x) avec y(0)=0, et sa résolution numérique.

Calculons et traçons la solution exacte :

```
>dsolve({D(y)(x)-1+2*x*y(x)=0,y(0)=0},y(x));
```

$$y(x) := -\frac{1}{2} I e^{-x^2} \operatorname{erf}(Ix)\sqrt{\pi}$$

```
>plot(-0.5*I*exp(-x**2)*erf(I*x)*sqrt(Pi),x=-5..5,y=-0.6..0.6);
```

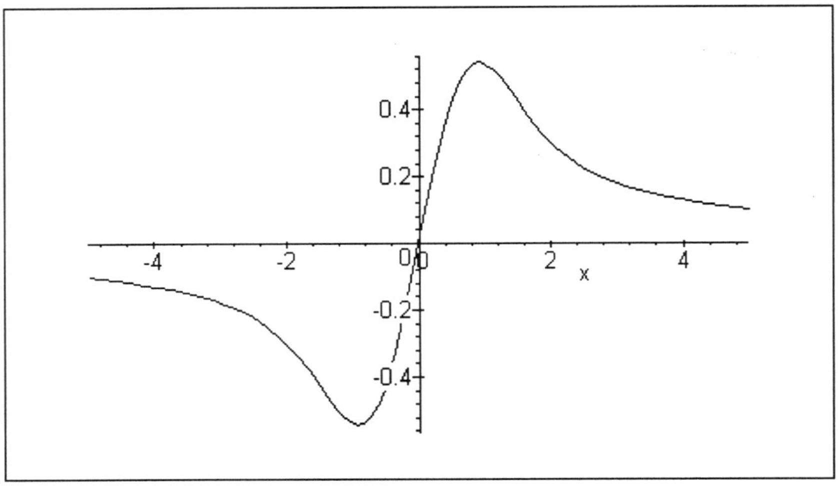

Résolvons maintenant numériquement cette même équation :

```
>Y:=dsolve({D(y)(x)-1+2*x*y(x)=0,y(0)=0},y(x),numeric):
>with(plots):
>odeplot(Y,[x,y(x)],x=-5..5,y=-0.6..0.6);
```

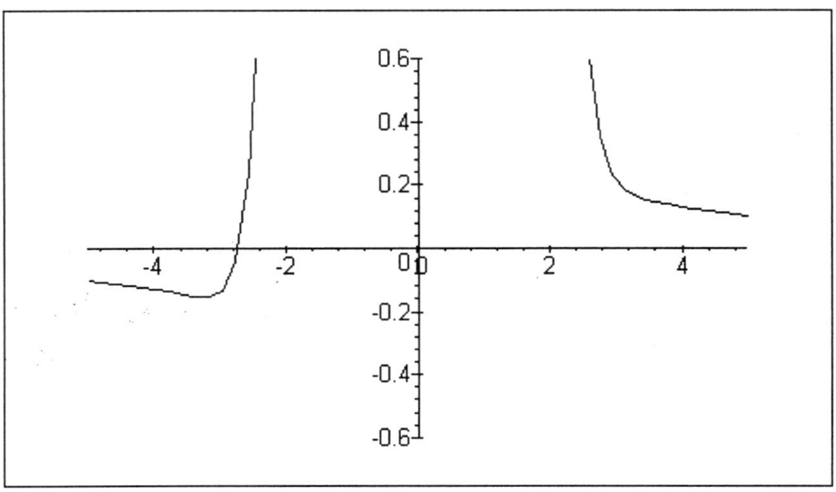

Ayez toujours cet exemple à l'esprit quand vous demandez une résolution numérique à Maple et essayez de vérifier que la réponse est cohérente (si la solution de votre équation différentielle conduit à une énergie infinie par exemple !)

4. Programmation d'une méthode numérique de résolution d'équations différentielles

4.1 Présentation de la méthode

Nous allons programmer une méthode numérique de résolution d'équations différentielles. Cette méthode s'appelle la méthode d'Euler et s'applique aux équations différentielles ordinaires pouvant se mettre sous la forme suivante :

$y'(x)=f(x,y(x))$ (1), avec comme conditions initiales $y(x_0)=y_0$.

où f est une fonction au minimum C^1. En d'autres termes, la méthode d'Euler permet de résoudre les équations différentielles ordinaires du premier ordre dans lesquelles il est possible d'isoler y'(x).

On part du point (x_0,y_0). On veut calculer la valeur de la fonction y(x) en point X quelconque. Pour cela, on va calculer de proche en proche un grand nombre de points (n points) régulièrement espacés entre x_0 et X.

Soit $h=(X-x_0)/n$, l'intervalle entre deux points successifs. Essayons de calculer $y(x_0+h)$ valeur de la fonction solution en x_0+h (nous ne calculerons bien sûr qu'une valeur approchée) :

$y(x_0 + h) \approx y(x_0 + h * y'(x_0)$. (Nous avons simplement effectué un développement limité de y au premier ordre)

Or d'après (1), $y'(x_0)=f(x_0,y(x_0))$ puisque y est solution de l'équation différentielle. Donc :

$y(x_0+h)=y(x_0)+h*f(x_0,y_0)$

Il est donc possible, à partir de la donnée de l'équation différentielle sous la forme (1) et des simples conditions initiales d'avoir une valeur approchée de $y(x_0+h)$ où y est solution numérique de (1). On appelle x_i la valeur x_0+i*h et y_i la valeur approchée de $y(x_i)$.

Une fois les coordonnées de ce point calculées, on peut repartir ces deux valeurs x_1,y_1 comme conditions initiales, et ainsi de proche en proche calculer x_2, y_2 etc. jusqu'à parvenir à X et y(X). On voit bien là comment les erreurs peuvent s'accumuler si n est trop petit ou X trop loin de x_0.

Le but de cet exercice est de parvenir à rédiger une procédure qui, à partir de la donnée de f, de x_0, de y_0, de X et de n, soit capable de calculer une valeur approchée de y(X).

4.2 Paramètres et algorithme

Cette fois encore, le passage de la description mathématique de la méthode au choix des paramètres et à l'écriture de l'algorithme n'est pas très difficile.

Quels sont les données dont nous avons besoin pour résoudre le problème énoncé au dernier alinéa du paragraphe précédent ? La donnée de f, fonction de deux variables définit entièrement l'équation différentielle. La donnée de deux réels x_0 et y_0 définit les conditions initiales, celle de X le point auquel nous cherchons une valeur approchée de y, et enfin n la précision du calcul.

L'algorithme n'est donc plus difficile à écrire :

- calcul de h ;
- debut de boucle de i=1 jusqu'à n (x_n=X) ;
- calcul de x_i par $x_i=x_0+i*h$;
- calcul de y_i par $y_i=y_{i-1}+h*f(x_{i-1},y_{i-1})$;
- fin de la boucle.

4.3 Procédure

```
>eqdif:=proc(f,x0,y0,X,n)
>local i,x,y,h;
>h:=(X-x0)/n;
>x:=x0;y:=y0;
>for i from 1 to n do
>x:=x+h;
>y:=y+h*f(x,y);
>od;
>y:=evalf(y);
>RETURN(y);
>end;
```

4.4 Utilisation et commentaire de la procédure

Supposons que l'on veuille résoudre y'=x+2y de manière numérique et que l'on veuille connaître la valeur de la solution en X=2. Supposons encore que l'on veuille stocker ce résultat dans la variable Y et que l'on souhaite le calcul de 500 points intermédiaires. Supposons enfin que nos conditions initiales sont y(0)=1.

On écrira alors :

```
>Y:=eqdif((x,y)->x+2*y,0,1,2,500).
Y:=66.02558371
```

Une résolution exacte donne Y=66.99. Notre résultat est donc tout à fait correct.

```
>eqdif:=proc(f,x0,y0,X,n)
```

On déclare que nos paramètres sont f,x0,y0,X et n

```
>local i,x,y,h;
```

On déclare utiliser quatre variables locales : i,x,y et h. i sera le "numéro" du point courant (i variera de 1 à 500), x et y seront les valeurs correspondant aux x_i et y_i de l'algorithme. h sera le pas ($h=(X-x0)/n=x_{i+1}-x_i$).

```
>h:=(X-x0)/n;
>x:=x0;y:=y0;
```

On calcule la valeur de h comme indiqué plus haut. On initialise les valeurs de x et de y à x0 et y0.

```
>for i from 1 to n do ... od;
```

L'ensemble des instructions comprises entre le do et le od va être exécuté n fois (la première fois i vaudra 1, la deuxième 2, etc. jusqu'à i=n).

```
>x:=x+h;
```

Pour calculer ce genre d'expressions (x :=f(x)), Maple commence par calculer la valeur du membre de droite, puis l'affecte à la variable indiquée à gauche. Donc au premier passage, x vaut x0 avant exécution de cette instruction. Après, x vaut x0+h. Donc au deuxième passage, Maple calcule (x0+h)+h et l'affecte à x qui vaut x0+2h, etc. Donc x a bien la valeur du x_i de l'algorithme.

```
>y:=y+h*f(x,y);
```

On retrouve exactement le même principe pour cette instruction. Quand Maple exécute cette ligne (et il le fait n fois), il prends la valeur courante de y (donc la valeur calculée à la i-1ème boucle), calcule f(x,y) le multiplie par h, l'ajoute à la valeur courante de y et stocke le résultat dans y. Si y correspondait à y_{i-1} avant exécution de l'instruction, y vaut donc y_i après exécution. y va donc avoir comme valeurs successives y_0, y_1, ..., y_n.

```
>y:=evalf(y);
```

Comme on préfère une valeur décimale approchée à une énorme fraction, on demande à Maple de calculer une valeur décimale approchée de y et de stocker cette valeur dans y.

```
>RETURN(y);
```

Cette instruction est là pour indiquer que c'est la valeur de y qui doit être le résultat de notre procédure.

```
>end;
```

indique la fin de la procédure.

Une petite remarque pour ceux qui souhaitent aller plus loin. Vous avez dû vous rendre compte que l'exécution d'une telle procédure était assez gourmand en temps, alors que 500 itérations n'apportent qu'une précision correcte, sans plus. Il est possible d'accélérer énormément la vitesse d'exécution ainsi.

Il faut remplacer

```
>x:=x+h;
>y:=y+h*f(x,y);
```

par

```
>x:=evalf(x+h);
>y:=evalf(y+h*f(x,y));
```

En effet, au lieu de faire des calculs sur des valeurs exactes, Maple va calculer sur des approximations décimales. Or ce calcul est beaucoup pus rapide. On pourrait objecter que l'on perd un peu de précision. Mais cette perte de précisions ne joue qu'à la 11ème décimale, alors que notre algorithme ne donne au mieux qu'une précision à la deux ou troisième décimale. La perte de précision n'est donc pas importante.

Cette méthode est utilisable dans quasiment tous les calculs numériques et plus précisément dans tous ceux que nous avons déjà programmés.

Chapitre 9

Polynômes et fractions rationnelles

1. Présentation

Le calcul polynomial est un des domaines où les possibilités offertes par Maple en terme de calcul formel sont les plus utiles. En effet, quoique développer un polynôme, par exemple, relève de règles de calcul a priori très simples, il est aussi extrêmement facile de se tromper. Maple sera donc très utile pour des calculs, très "bourrins", comme $(a+b+c+d+e+f+g)^{34}$, ou bien pour réaliser la division euclidienne d'un polynôme de degré 50 par un polynôme de degré 30, etc.

Par contre, l'autre grand type de manipulations sur les polynômes, à savoir la factorisation pose beaucoup plus de difficultés à un logiciel de calcul formel. En effet, on retrouve les mêmes problèmes que pour la résolution des équations puisque factoriser un polynôme revient à connaître ses racines.

La décomposition des fractions rationnelles en éléments simples se heurtera au même type de difficultés liées aux difficultés posées par la détermination des racines des polynômes, dès que leur degré dépasse 4.

2. Opérations élémentaires sur les polynômes

2.1 Saisie et calcul de la valeur en un point

Les polynômes, comme les fractions rationnelles, sont essentiellement des expressions (en opposition aux fonctions). Saisir un polynôme se fera donc ainsi :

```
>P:=a*x^2+b*x+c;
```

$$P:=ax^2+bx+c$$

La saisie d'un polynôme se fait donc de manière extrêmement naturelle. Cependant faîtes attention, dans le polynôme que nous venons de saisir, rien ne permet à Maple de savoir si P est un polynôme en x, en a, en b ou en c. Il serait tout à fait envisageable que P soit un polynôme en a de degré 1, x étant un paramètre. C'est pourquoi vous verrez que dans la plupart des fonctions que nous utiliserons sur les polynômes, il faudra indiquer quelle est la variable.

Il est possible de saisir des polynômes de plusieurs variables.

>Q:=x^2*y^3+3*x*y^2+x^2*y

$Q:=x^2y^3+3xy^2+x^2y$

Là encore, Maple ne "sait" pas qu'il s'agit d'un polynôme de plusieurs variables. C'est lorsque que nous lui demanderons d'effectuer des modifications que nous le lui indiquerons, si besoin est.

Voyons maintenant comment calculer la valeur d'un polynôme en en point. Comme dit plus haut, un polynôme est une expression et non pas une fonction. Il est donc impossible de demander P(3) ou Q(1,2) pour avoir la valeur. Il faut utiliser la fonction subs (cf. paragraphe "Utilisation", page 32). Calculons ainsi la valeur de Q en (1,2) :

>subs(x=1,y=2,Q);

22

Calculons de même la valeur de P en 0 :

>subs(x=0,P);

c

2.2 Calculs sur l'anneau des polynômes

Additionner, soustraire, multiplier deux polynômes est très simple, aussi simple que additionner, soustraire, multiplier deux réels. Prenons quelques exemples. Commençons par saisir A et B deux polynômes :

>A:=x^4-4*x^2-12*x+15:B:=x^3-3*x^2+3*x-1:

Additionnons les et stockons le résultat dans P :

>P:=A+B;

$P:= x^4 - 7x^2 - 9x + 14 + x^3$

Soustrayons-les :

>P:=A-B;

$P:= x^4 - x^2 - 15x + 16 - x^3$

Multiplions les :

>P:=A*B;

$P := (x^4 - 4x^2 - 12x + 15)(x^3 - 3x^2 + 3x - 1)$

On peut aussi élever un polynôme à une puissance quelconque :

>P:=A**4;

$P := (x^4 - 4x^2 - 12x + 15)^4$

Ces deux derniers résultats sont un peu décevants... nous verrons au prochain paragraphe comment en avoir la forme développée.

Une autre fonction très utile sur l'anneau des polynômes est la division euclidienne. Elle aussi est facile à mettre en oeuvre sous Maple. L'instruction donnant le quotient est l'instruction quo, l'instruction donnant le reste est l'instruction rem. Leurs syntaxes sont les suivantes :

quo(polynome1,polynome2,variable)

Donne le quotient de la division euclidienne de polynome1 par polynome2, polynome1 et polynome2 étant des polynômes "en variable".

rem(polynome1,polynome2,variable)

Donne le reste de la division euclidienne de polynome1 par polynome2, polynome1 et polynome2 étant des polynômes "en variable".

Ainsi, si nous voulons diviser A par B (A=BQ+R), nous écrirons :

>Q:=quo(A,B,x); puisque A et B sont des polynômes "en x"

Q:=x+3

>R:=rem(A,B,x);

$R:=18+2x^2-20x$

Enfin, il est possible de connaître le PGCD de deux polynômes en utilisant la fonction gcd dont la syntaxe est la suivante :

gcd(polynome1,polynome2)

Donne le PGCD de polynome1 et polynome2,

Ainsi si l'on veut connaître le PGCD de A et B :

>gcd(A,B);

x-1

2.3 Transformations de polynômes

Il est possible de développer des polynômes écrit sous forme partiellement ou totalement factorisée. La fonction à utiliser est la fonction expand (nous avons d'ailleurs vu, au chapitre 4 paragraphe "Utilisation" page 32, que cette fonction a une portée plus générale). La syntaxe de la fonction expand est des plus simples :

expand(Polynom)

développe Polynom

Si nous continuons l'exemple vu plus haut, et si nous voulons avoir la forme développée de A^4, il faudra donc écrire :

>expand(A**4);

$$-16200x+140400x^2-47844x^4+25920x^3-2426x^8+25104x^6$$
$$-39312x^5+156x^{12}-112x^{10}-4464x^9+13440x^7+x^{16}-16x^{14}-48x^{13}$$
$$+576x^{11}+50625$$

Maple offre naturellement la possibilité de réaliser l'opération inverse, la factorisation. Cette opération se réalise avec la fonction factor. La syntaxe de factor est la suivante.

factor(Polynom)

factorise Polynom.

On peut ainsi factoriser des polynômes de degré élevé :

```
>P:=x^4-10*x^3+35*x^2-50*x+24:
>factor(P);
(x-1)(x-2)(x-3)(x-4)
```

Cependant Maple ne parvient pas toujours à factoriser les polynômes. On retombe en effet sur le même type de difficultés théoriques que pour la recherche de racines. En effet, connaître les racines d'un polynôme dans C ou sa forme factorisée sont deux choses synonymes.

Il est enfin possible de réordonner un polynôme (ce qui signifie regrouper les termes de même degré, et ordonner le polynôme). L'instruction qui permet de réaliser ceci est l'instruction collect. Sa syntaxe est la suivante :

collect(Polynome,variable)

réordonne le polynôme Polynome "en variable".

```
>P:=x*y^2+x^3*y^3-2*x^2*^2+x*y^3+x^4+x*y+y^4;
```

$$P := xy^2 + x^3y^3 - 2x^2y^2 + xy^3 + x^4 + xy + y^4$$

```
>collect(P,x);
```

$$x^4 + x^3y^3 - 2x^2y^2 + (y^2 + y + y^3)x + y^4$$

```
>collect(P,y);
```

$$y^4 + (x + x^3)y^3 + (-2x^2 + x)y^2 + xy + x^4$$

Il est très important de bien noter la chose suivante. Pour Maple un même polynôme, développé, factorisé ou bien réordonné devient trois objets différents. Si vous les comparez, Maple vous dira qu'ils ne sont pas égaux. En effet, x^2+2x+1 et $(x+1)^2$ sont deux objets qui ne sont pas égaux pour Maple.

3. Manipulation terme à terme des polynômes

Il est parfois nécessaire de s'intéresser plus précisément aux coefficients d'un polynôme, à son degré, sa valuation, etc. Pour toutes ces manipulations, on ne considère plus le polynôme globalement mais terme à terme.

La première instruction, et sûrement la plus utile est celle donnant le degré d'un polynôme. La syntaxe de l'instruction degree est la suivante :

```
degree(Polynom,variable)
```

Renvoie le degré de Polynom en variable. Prenons un exemple :

```
>degree(x^3+x^2+x+1,x);
3
```

Faites attention, degree ne donne des résultats justes que sur des polynômes écrits sous forme complètement développée :

```
>degree(x*(x^2+1));
2
```

En effet, Maple se contente de parcourir la ligne d'instruction et de repérer l'exposant le plus élevé. N'oubliez donc jamais de développer les polynômes en utilisant la fonction expand avant de faire calculer leur degré par Maple.

Il est possible de même, de demander la valuation d'un polynôme. La fonction à utiliser est la fonction ldegree.

ldegree(Polynom,variable)

renvoie la valuation de Polynom en variable.

```
>ldegree(x^3+a*x^2);
2
```

De même que pour degree, il est indispensable d'utiliser ldegree sur la forme complètement développée du polynôme dont on veut connaître la valuation.

Il est possible également de connaître le nombre de termes dans P. La fonction donnant ce résultat est la fonction nops (cette fonction a de nombreuses autres utilisations possibles dans le cadre d'une utilisation plus avancée de Maple). Sa syntaxe est la suivante :

nops(P)

Renvoie le nombre de termes de P.

```
>nops(3x^2+2*x+1);
3
```

Notez bien que Maple se contente de calculer le nombre d'éléments séparés par le symbole +, donc là encore la réponse ne sera correcte que si on travaille sur la forme développée du polynôme.

Il est enfin possible d'accéder aux différents coefficients d'un polynôme écrit sous forme complètement développée en utilisant la fonction coeff dont la syntaxe est la suivante :

coeff(Polynom,variable,k)

renvoie le coefficient de variable à la puissance k dans P. Si $P = \sum_{k=1}^{k=n} a_k x^k$, coeff(P,x,k) renvoie a_k.

```
>coeff(3*x^2+x+1,x,2)
3
```

4. Les fractions rationnelles

Une fraction rationnelle est mathématiquement définie comme étant le quotient de deux polynômes. Elle se saisit tout simplement en saisissant le quotient de deux polynômes.

```
>R:=(x^5+1)/(x^4-x^2);
```

$$R := \frac{x^5 - 1}{x^4 - x^2}$$

Un des exercices, pénible, souvent nécessaire est de convertir une fraction rationnelle en éléments simples, afin, par exemple de l'intégrer. Maple dispose d'une fonction pour réaliser automatiquement cette décomposition. Il faut utiliser l'instruction convert, dont la syntaxe est la suivante :

```
convert(fraction,parfrac,variable)
```

où

- fraction est la fraction rationnelle considérée ;
- parfrac un mot clé ;
- variable l'inconnue des polynômes (dans l'exemple plus haut, x).

```
>convert(R,parfrac,x);
```

$$x + \frac{1}{x-1} - \frac{1}{x^2}$$

5. Un exercice de programmation: la division euclidienne

5.1 Présentation de la méthode

Le but de cet exercice de programmation est d'écrire une procédure calculant le reste et le quotient de deux polynômes d'une variable en x sans utiliser bien sûr les fonctions quo et rem. Vous pouvez par contre, contrairement aux autres exercices de programmation de ce cours utiliser toutes les autres fonctions vues dans ce chapitre (pour multiplier, soustraire deux polynômes, les manipuler terme à terme, etc.).

Vous vous retrouvez, plus ou moins, dans la situation des concepteurs de Maple qui ont très souvent utilisé des outils élémentaires déjà programmés pour écrire des procédures plus évoluées.

Commençons par rappeler sur un exemple le principe de la division euclidienne. Réaliser la division euclidienne de A par B repose sur le même principe que la division de deux entiers a et b comme nous le faisions au primaire.

Pour diviser x^3+x^2+x+1 (A) par x+1 (B), on commence par diviser x^3 par x, on trouve x^2. Le premier terme du polynôme quotient Q est x^2. On multiplie x+1 (B) par x^2 et on retranche le résultat de cette multiplication à A (x^3+x^2+x+1). On obtient un nouveau reste, ici x+1. Et on redivise ce reste par B, jusqu'à ce que le degré du reste soit strictement inférieur au degré du dividende.

5.2 Paramètres et algorithme

Le choix des paramètres est très simple, pour une fois. En effet la donnée de A et de B définit entièrement notre problème. Les deux paramètres de notre procédure seront donc A et B, polynôme à diviser et polynôme diviseur. On veut avoir A=BQ+R avec d°(R)<d°(B)

L'algorithme de résolution est le suivant. Il est encore une fois calqué sur le calcul d'une division euclidienne "à la main". Appelons "reste" chacun des polynômes que nous aurons successivement à diviser par B. Initialement, reste vaudra A, puis chacun des résultats intermédiaires des soustractions et à la fin vaudra R.

Tant que d°(R)<d°(B) :

- divise le monôme de plus haut degré de R par le monôme de plus haut degré de B ;
- ajoute le monôme résultat de cette division à Q ;
- multiplie le monôme obtenu à l'étape 1 par B, retranche ce résultat à R ;
- remplace R par le résultat de la soustraction.

Puis, une fois cette boucle terminée, quand d°(R)<d°(B), renvoie Q et R et sort de la procédure.

5.3 Procédure

```
>diveuclid:=proc(A,B)
>local S,Q,R,degremonome,coeffmonome;
>R:=A;Q:=0;
>while degree(R)>=degree(B) do
>coeffmonome:=coeff(R,x,degree(R))/coeff(B,x,degree(B));
>degremonome:=degree(R)-degree(B);
>Q:=Q+coeffmonome*x**degremonome;
>R:=expand(R-B*coeffmonome*x**degremonome);
>od;
>S:=array(1..2);
>S[1]:=Q;
>S[2]:=R;
>RETURN(S);
>end;
```

5.4 Utilisation et commentaire de la procédure

Si nous voulons diviser x^3+x^2+x+1 par x+1, nous écrirons donc :

```
>diveuclid(x^3+x^2+x+1,x+1);
S
```

La réponse de Maple ne nous avance pas tellement... Rappelez-vous que pour avoir le contenu d'un tableau, il faut utiliser l'instruction print. Or la procédure, telle qu'elle est écrite, renvoie S et S est un tableau. pour avoir le résultat de manière plus claire, il faudra donc plutôt écrire :

```
>print(diveuclid(x^3+x^2+x+1,x+1));
```

$[x^2+1,0]$

Le quotient de la division euclidienne est donc x^2+1 et son reste 0.

Commentons maintenant la procédure :

```
>diveuclid:=proc(A,B)
```

On déclare simplement que l'on va écrire une procédure nommée diveuclid prenant deux paramètres en entrée.

```
>local S,Q,R,degremonome,coeffmonome;
```

On définit simplement les variables locales dont nous aurons besoin dans notre procédure.

S sera un tableau à deux éléments dans lequel on stockera quotient et reste à la fin de la procédure.

Q sera le polynôme quotient construit au fur et à mesure de l'exécution de la procédure.

R sera le reste intermédiaire, changeant de valeur à chaque exécution de la boucle.

degremonome et coeffmonome seront respectivement le degré et le coefficient multiplicateur du monôme calculé à chaque exécution de la boucle en divisant le terme de plus haut degré du reste par le terme de plus haut degré du dividende.

```
>R:=A;Q:=0;
```

Initialement, le reste vaut A et le quotient est nul.

```
>while degree(R)>=degree(B) do ... od
```

Tant que le degré du reste est supérieur au degré du dividende, on exécute les instructions comprises entre le do et le od.

```
>coeffmonome:=coeff(R,x,degree(R))/coeff(B,x,degree(B));
>degremonome :=degree(R)-degree(B);
```

Lorsque l'on calcule une division euclidienne "à la main", à chaque nouveau reste on calcule le monôme suivant de Q (dans notre exemple, il n'a que deux monômes calculés $1*x^2$ puis $1*x^0$). Ces deux instructions servent à calculer le résultat de la division du monôme de plus haut degré du reste (R) par le monôme de plus haut degré du dividende B. On commence par calculer son degré, puis son coefficient.

```
>Q:=Q+coeffmonome*x**degremonome;
```

On actualise la valeur de Q en ajoutant à son ancienne valeur le monôme que l'on vient de calculer.

```
>R:=expand(R-B*coeffmonome*x**degremonome);
```

De même on calcule le nouveau reste en retranchant à l'ancien reste le monôme que l'on vient de déterminer multiplié par le dividande (B). On utilise l'instruction expand pour que la valeur renvoyée par l'instruction degree soit correcte (cf. paragraphe "Manipulation terme à terme des polynômes", page 99).

```
>S:=array(1..2);
>S[1]:=Q;
>S[2]:=R;
```

On crée un tableau S de deux cases, dans la première on stocke le quotient, dans la deuxième le reste. On a utilisé un tableau et pas un ensemble car l'ordre des éléments est important.

```
>RETURN(S);
```

Cette instruction est là puisque c'est S qui est le résultat de notre procédure, c'est S que l'on veut récupérer en sortie.

```
>end;
```

Cette instruction indique à Maple la fin de la procédure.

Chapitre 10

Matrices et algèbre linéaire

1. Présentation

Le calcul matriciel est un domaine où il est presque impossible de se passer d'un logiciel de calcul formel, ou au moins, numérique. Inverser, à la main, une matrice de dimension supérieure à 3, cas très courant, est presque impossible. Et pourtant, inverser une matrice obéit à des techniques simples, automatisables et donc programmables.

D'autre part, le calcul matriciel et l'algèbre linéaire font partie des domaines des mathématiques les plus utilisées en pratique. En effet, l'inversion de matrices pour la résolution de systèmes linéaires comme la recherche de vecteurs propres et de valeurs propres interviennent dans la plupart des algorithmes de mathématiques appliquées, que ce soit en statistiques, en probabilités, en mécanique ou en physique.

Un logiciel comme Maple rend donc énormément de services grâce à ses très puissantes possibilités en terme de calcul matriciel.

2. Saisie d'une matrice et d'un vecteur

Le noyau de Maple contient très peu d'instructions pour manipuler les matrices et pour faire des calculs d'algèbre linéaire. L'essentiel de ces instructions est en fait regroupé dans un package dédié à l'algèbre linéaire : le package linalg.

Il faut donc charger ce package avant tout calcul matriciel. Rappelez-vous (voir paragraphe "Courbes définies implicitement et package plots", page 41), qu'un package se charge en mémoire en utilisant l'instruction with.

```
>with(linalg);
```

[BlockDiagonal, GramSchmidt, JordanBlock, Wronskian, add, addcol, addrow, adj, adjoint, angle, augment, backsub, band, basis, bezout, blockmatrix, charmat, charpoly, col, coldim, colspace, colspan, companion, concat, cond, copyinto, crossprod, curl, definite, delcols, delrows, det, diag, diverge, dotprod, eigenvals, eigenvects, entermatrix, equal, exponential, extend, ffgausselim, fibonacci, frobenius, gausselim, gaussjord, genmatrix, grad, hadamard, hermite, hessian, hilbert, htranspose, ihermite, indexfunc, innerprod, intbasis, inverse, ismith, iszero, jacobian, jordan, kernel, laplacian, leastsqrs, linsolve, matrix, minor, minpoly, mulcol, mulrow, multiply, norm, normalize, nullspace, orthog, permanent, pivot, potential, randmatrix, randvector, rank, ratform, row, rowdim, rowspace, rowspan, rref, scalarmul, singularvals, smith, stack, submatrix, subvector, sumbasis, swapcol, swaprow, sylvester, toeplitz, trace, transpose, vandermonde, vecpotent, vectdim, vector]

Après validation de l'instruction with(linalg), Maple affiche les noms de toutes les nouvelles fonctions, dédiées à l'algèbre linéaire, qu'il vient de charger en mémoire. Vous voyez que ces fonctions sont très nombreuses. Nous verrons les plus importantes d'entre elles. Pensez à utiliser l'aide si vous voulez en utiliser d'autres (voir chapitre 12 sur l'utilisation de l'aide page 125)

Saisir une matrice se réalise avec la fonction matrix. La syntaxe générale de la fonction matrix est la suivante :

$$A:=\text{matrix}(p,n,[A_{11},A_{12},..,A_{1p},A_{21},A_{22},...A_{2p},...,A_{n1},...,A_{np}]);$$

Cette instruction définit une matrice p lignes, n colonnes, dont les coefficients sont rentrés ligne après ligne. n et p sont nécessairement des entiers. On ne peut pas utiliser de variables non affectées pour définir le nombre de lignes ou de colonnes. Maple, comme tout langage de calcul formel, ne peut manipuler des matrices de taille np où n et p sont des entiers quelconques non complètement définis.

Les coefficients de la matrice peuvent être numériques :

```
>A:=matrix(3,3,[0,1,-1,-3,4,-3,-1,1,0]);
```

$$A:=\begin{bmatrix} 0 & 1 & -1 \\ -3 & 4 & -3 \\ -1 & 1 & 0 \end{bmatrix}$$

Bien sûr, dans l'optique de faire du calcul formel, les différents coefficients peuvent être des variables non affectées :

```
>A:=matrix(2,3,[x,y,x,u,v,z]);
```

$$A:=\begin{bmatrix} x & y & x \\ u & v & z \end{bmatrix}$$

De même que pour les tableaux, il faut utiliser l'instruction print si on veut afficher une matrice. En effet, contrairement aux autres variables, il ne suffit pas d'écrire son nom pour avoir sa valeur.

A l'instruction A;, Maple réponds A au lieu d'afficher le contenu de la matrice. En utilisant l'instruction print, on obtient le résultat souhaité :

>print(A);

$$\begin{bmatrix} x & y & x \\ u & v & z \end{bmatrix}$$

En dehors des matrices, le deuxième type d'objet utile en algèbre linéaire est les vecteurs. L'instruction permettant de créer un vecteur est l'instruction vector. La syntaxe de cette instruction est la suivante :

$$v:=vector(n,[v_1,v_2,..,v_n]);$$

Cette instruction crée un vecteur de dimension n dont les coefficients sont $v_1,..v_n$.

Comme pour les matrices on peut créer des vecteurs dont les coefficients sont numériques, ou bien dont les coefficients sont formels.

```
>v:=vector(4,[1,2,4,1]);
v:=[1,2,4,1]
>v:=vector(4,[a,b,c,d]);
v:=[a,b,c,d]
```

Cependant l'utilisation des vecteurs créés par la fonction vector n'est pas recommandée. En effet Maple ne distingue pas si v est un vecteur colonne ou un vecteur ligne. Selon les besoins de la cohérence mathématique, Maple le considérera comme un vecteur ligne ou un vecteur colonne. Afin d'éviter d'éventuelles erreurs, il est prudent d'utiliser, pour créer des vecteurs, la fonction matrix et non pas la fonction vector.

Ainsi, si on veut créer un vecteur ligne, on créera une matrice 1 ligne, n colonnes :

```
>v:=matrix(1,4,[a,b,c,d]);
v:=[a,b,c,d]
```

Pour créer un vecteur colonne, on créera une matrice n lignes, 1 colonne :

```
>v:=matrix(4,1,[a,b,c,d]);
```

$$v:=\begin{bmatrix} a \\ b \\ c \\ d \end{bmatrix}$$

En procédant ainsi, sans utiliser vector, on saura toujours dans quel espace on travaille (espace de départ ou espace d'arrivée).

En réalité, les matrices sont un sous type des tableaux. Comme pour les tableaux il est donc possible d'accéder à un coefficient isolément. L'élément i,j (le coefficient situé à l'intersection de la ligne i et de la colonne j) d'une matrice A se repère ainsi :

A[i,j]

Elément de la matrice A situé à l'intersection de la ligne i et de la colonne j.

A[i,j] peut être utilisé comme n'importe quelle variable, on peut utiliser sa valeur, la modifier. Créons une matrice A :

```
>A:=matrix(3,3,[0,1,-1,-3,4,-3,-1,1,0]);
```

$$A:=\begin{bmatrix} 0 & 1 & -1 \\ -3 & 4 & -3 \\ -1 & 1 & 0 \end{bmatrix}$$

Modifions A[2,1] :

```
>A[2,1]:=10;
A[2,1]:=10;
>print(A);
```

$$\begin{bmatrix} 0 & 1 & -1 \\ 10 & 4 & -3 \\ -1 & 1 & 0 \end{bmatrix}$$

Utilisons sa valeur dans un autre calcul :

```
>A[3,2]*15-3;
12
```

Il reste une deuxième manière de saisir une matrice, en fait c'est plutôt une extension de la première. Souvent les matrices sont définies par une fonction mathématique faisant intervenir le numéro de ligne et le numéro de colonne. Ainsi, on pourrait définir une matrice A dont les coefficients A_{ij} sont définis ainsi A_{ij}=f(i,j). La syntaxe de cette expression est la suivante :

```
A:=matrix(n,p,(i,j)->f(i,j))
```

Crée une matrice A de n lignes, p colonnes, chaque coefficient A_{ij} étant égal à f(i,j). Prenons un exemple :

```
>A:=matrix(3,4,(i,j)->i*j);
```

$$A:=\begin{bmatrix}1 & 2 & 3 & 4\\ 2 & 4 & 6 & 8\\ 3 & 6 & 9 & 12\end{bmatrix}$$

Une dernière procédure peut rendre service aux fainéants ! Quand on a besoin de créer rapidement une matrice quelconque, il est possible de faire appel à la fonction randmatrix qui crée une matrice quelconque aléatoire.

```
randmatrix(n,p)
```

Crée une matrice aléatoire de n lignes p colonnes

```
>C:=randmatrix(4,6);
```

$$C:=\begin{bmatrix}63 & 57 & -59 & 45 & -8 & -93\\ 92 & 43 & -62 & 77 & 66 & 54\\ -5 & 99 & -61 & -50 & -12 & -18\\ 31 & -26 & -62 & 1 & -47 & -91\end{bmatrix}$$

3. Calculs sur l'algèbre des matrices

3.1 Addition, élévation à une puissance entière, inversion

Ces trois opérations sur les matrices s'écrivent naturellement. En effet, elles s'écrivent comme les mêmes opérations sur les entiers ou les réels. L'unique différence est que Maple n'effectue pas directement les calculs. En effet, les calculs sur les matrices coûtent cher en terme de temps de calcul. Maple n'exécute donc ces calculs que sur demande expresse. Cette demande se fait en utilisant la fonction evalm (evaluate as a matrix).

La syntaxe d'evalm est la suivante :

evalm(matrice)

Effectue les calculs non encore effectués dans matrice

L'addition de deux matrices se fait tout simplement ainsi :

```
>A:=matrix(2,2,[a,b,b,c]);B:=matrix(2,2,[a,d,c,b]);
```

$$A := \begin{bmatrix} a & b \\ b & c \end{bmatrix}$$

$$B := \begin{bmatrix} a & d \\ c & b \end{bmatrix}$$

```
>C:=A+B;
C:=A+B;
>print(C);
A+B
```

Comme dit plus haut, Maple n'a donc pas effectué le calcul. Demandons lui de le faire :

```
>evalm(C);
```

$$C := \begin{bmatrix} 2a & b+d \\ b+c & c+d \end{bmatrix}$$

L'élévation à une puissance est tout aussi simple :

```
>evalm(A**3);
```

$$\begin{bmatrix} a^3 + 2ab^2 + b^2c & ba^2 + b^3 + cab + bc^2 \\ ba^2 + b^3 + cab + bc^2 & ab^2 + 2b^2c + c^3 \end{bmatrix}$$

L'inverse d'une matrice se calcule en élevant la matrice considérée à la puissance -1 :

```
>evalm(A**(-1));
```

$$\frac{1}{ac - b^2} \begin{bmatrix} c & -b \\ -b & a \end{bmatrix}$$

Notez encore une fois que Maple n'effectue aucune vérification de validité de ses calculs. Ainsi il n'envisage pas que le déterminant de A puisse être nul avant d'inverser. Restez donc prudent face à vos résultats.

3.2 Multiplication de deux matrices

La multiplication de deux matrices a été mise à part parce qu'elle présente un piège dangereux. La multiplication matricielle ne se note pas * mais &*.

A&*B

Calcule la multiplication de A par B où A et B sont deux matrices.

Le piège provient de ce que Maple accepte la notation *. Mais il considère alors que la multiplication est commutative.

Supposons que A et B soient les matrices saisies au paragraphe précédent :

```
>evalm(A*B-B*A);
0
```

Ce résultat est faux puisque A et B sont deux matrices qui ne commutent pas. En écrivant correctement la demande, on obtient effectivement :

```
>evalm(A&*B-B&*A);
```

$$\begin{bmatrix} bc - bd & ad + b^2 - ba - dc \\ ba + c^2 - ac - b^2 & bd - bc \end{bmatrix}$$

Pensez donc bien à utiliser le symbole &* et pas le symbole * pour multiplier deux matrices !

4. Fonctions d'algèbre linéaire

Maple offre un grand nombre de fonctions d'algèbre linéaire permettant de calculer déterminants, vecteurs et valeurs propres, etc.

Pour tous les exemples de ce paragraphe, nous supposerons que la matrice A a été saisie ainsi :

```
>A:=matrix(3,3,[1,-3,3,3,-5,3,6,-6,4]);
```

$$A := \begin{bmatrix} 1 & -3 & 3 \\ 3 & -5 & 3 \\ 6 & -6 & 4 \end{bmatrix}$$

Le calcul du déterminant d'une matrice (avec des coefficients numériques ou formels) se fait en utilisant la fonction det :

det(matrice)

Calcule le déterminant de matrice (carrée!)

```
>det(A);
16
```

Le rang d'une matrice se calcule de la même manière :

rank(matrice)

renvoie le rang de matrice

```
>rank(A)
3
```

On peut calculer de manière aussi simple les valeurs propres d'une matrice (numérique ou formelle) :

eigenvals(matrice)

calcule les valeurs propres de matrice. Chaque valeur propre est écrite autant de fois que son ordre de multiplicité.

```
>eigenvals(A);
4,-2,-2
```

La réponse de Maple se lit 4 est valeur propre simple et -2 est valeur propre double de A.

Toujours plus fort, on peut avoir aussi les vecteurs propres et les bases des sous espaces propres associés en une seule instruction : eigenvects.

eigenvects(matrice)

renvoie les valeurs propres, et bases des sous-espaces propres associés. La réponse est un peu compliquée à lire. Dans l'ordre, on trouve la valeur propre, son ordre de multiplicité et une base du sous espace propre associée.

```
>eigenvects(A);
[4,1,{[1,1,2]}],[-2,2,{[-1,0,1],[1,1,0])
```

La réponse de Maple se lit ainsi :

[4,1,{[1,1,2]}] : 4 est valeur propre simple et une base du sous espace propre associée à la valeur propre 2 est [1,1,2] (sev de dimension un).

[-2,2,{[-1,0,1],[1,1,0]}) : -2 est valeur propre double, une base du sous espace propre associé est [-1,0,1],[1,1,0] (sev de dimension deux).

Si l'on souhaite avoir une base du noyau, il suffit d'utiliser l'instruction kernel.

kernel(matrice)

renvoie une base du noyau de matrice

```
>kernel(A);
{}
```

Maple nous renvoie un ensemble vide, puisque A étant inversible, le noyau de A est réduit à {0} et n'a donc pas de base.

5. Programmation: la multiplication de deux matrices

5.1 Présentation de la méthode

Le but de cet exercice de programmation est d'écrire une procédure capable de calculer la multiplication de deux matrices (sans utiliser la fonction &*... bien sûr).

Vous aurez besoin de deux instructions qui n'ont pas été introduites plus haut.

– rowdim(matrice) : renvoie le nombre de lignes de matrice ;

– coldim(matrice) : renvoie le nombre de colonnes de matrice.

5.2 Paramètres et algorithmes

Les paramètres de la procédure sont A et B, les deux matrices que l'on veut multiplier.

Rappelons ici la définition de la multiplication matricielle, si C=AB (A matrice mp, B matrice pn, on a :

$$C_{ij} = \sum_{k=1}^{p} A_{ik} B_{kj} \quad (1)$$

Notre algorithme va donc être assez simple. On sait que la matrice C va être une matrice mn (m lignes, n colonnes). Il va falloir calculer la valeur de tous les coefficients de cette matrice en utilisant la formule (1).

5.3 Procédure

```
>multmat:=proc(A,B)
>local C,i,j,k;
```

```
>C:= matrix(rowdim(A),coldim(B));
>for i to rowdim(C) do
>for j to coldim(C) do
>C[i,j]:= 0;
>for k to coldim(A) do  C[i,j]:= C[i,j]+A[i,k]*B[k,j] od;
>od;
>od;
>RETURN(C);
>end;
```

5.4 Utilisation et commentaire de la procédure

La procédure multmat s'utilise très simplement, saisissons deux matrices A et B et multiplions les en utilisant la procédure multmat :

```
>A:=matrix(3,2,[1,2,1,4,2,3]):
>B:=matrix(2,2,[1,2,4,2]):
>C:=multmat(A,B);
>print(C);
```

$$C := \begin{bmatrix} 9 & 16 \\ 17 & 10 \\ 14 & 10 \end{bmatrix}$$

Regardons maintenant la procédure elle-même :

```
>multmat:=proc(A,B)
>local C,i,j,k;
```

On crée une procédure multmat, prenant deux paramètres A et B. Les variables locales que nous allons utiliser sont C, la matrice résultat de la multiplication, i,j et k trois compteurs. i sera le compteur utilisé pour parcourir les lignes C, j les colonnes de C et k l'indice utilisé dans $C_{ij} = \sum_{k=1}^{p} A_{ik} B_{kj}$

```
>C:=matrix(rowdim(A),coldim(B));
```

Avant de pouvoir l'utiliser, il faut créer une matrice. On crée la matrice C dont les dimensions sont les suivantes : son nombre de lignes est le même que celui de A, son nombre de colonnes le même que celui de B

```
>for i to rowdim(C) do
>for j to coldim(C) do
>...
>od;
>od;
```

On a ici une structure de double boucle. Maple commence par affecter la valeur 1 à i. Puis il exécute la boucle complète sur j (j=1 puis j=2 etc. jusqu'à j=coldim(C)). Ensuite, il fait i=2 et exécute à nouveau la boucle complète sur j, jusqu'à i=rowdim(C). On parcourt donc tous les éléments de C, ligne par ligne, de la gauche vers la droite et de haut en bas.

Pour résumer, quand Maple "voit" un od, il remonte au do précédent le plus proche, ce qui permet d'imbriquer autant de boucles que souhaité, comme nous l'avons fait.

```
>C[i,j]:= 0;
>for k to coldim(A) do C[i,j]:= C[i,j]+A[i,k]*B[k,j] od;
```

Ces deux instructions (dont une boucle sur k) sont exécutées pour chaque case de C. La ligne for k ... od calcule exactement $C_{ij} = \sum_{k=1}^{p} A_{ik}B_{kj}$

```
>RETURN(C);
```

On renvoie C comme résultat de la procédure.

```
>end;
```

Cette dernière instruction indique à Maple la fin de la procédure.

Chapitre 11
Une application de Maple à la physique : étude d'un métronome

1. Définition du système

Soit un système composé, d'une tige non pesante de longueur l, d'un ressort circulaire de raideur k et d'une masse ponctuelle de masse m.

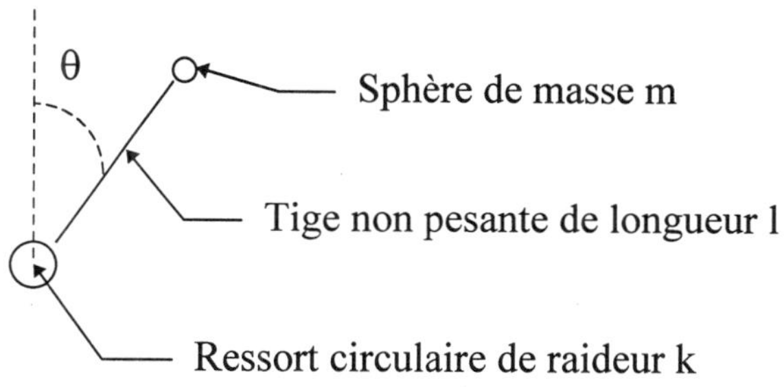

Un tel système est une modélisation d'un métronome classique (i.e. mécanique et non pas électronique comme les métronomes modernes). L'utilisateur écarte la sphère de sa position initiale verticale puis laisse ensuite osciller le métronome qui indique le nombre de pulsations par minute.

Dans ce chapitre nous allons utiliser Maple pour :

- obtenir l'équation différentielle du mouvement ;
- la résoudre sans la linéariser ;
- déterminer une valeur approchée de la période du mouvement ;
- déterminer les positions d'équilibre d'un métronome dont le ressort est très souple.

Ces différents calculs vont nous permettre de mettre en œuvre Maple sur un cas concret et de voir comment il peut être une aide précieuse pour résoudre un tel problème.

Arrivé à ce stade de votre étude de Maple, pour que la lecture de ce chapitre vous soit le plus profitable, essayez de réfléchir aux solutions que vous auriez adoptées pour résoudre le problème posé au début de chaque paragraphe avant de lire la suite de chacun d'entre eux.

2. Saisie des différentes énergies

Problème posé :

La méthode choisie pour obtenir l'équation différentielle du mouvement, en utilisant Maple, est la méthode énergétique. Il va donc falloir saisir ces différentes énergies.

Solution adoptée :

Les trois énergies à prendre en compte sont :

- l'énergie cinétique de la sphère de masse m (Ec) ;
- l'énergie potentielle de pesanteur de cette même sphère (Epb) ;
- l'énergie potentielle du ressort circulaire (Epr).

Ces trois énergies dépendent des constantes du problème (longueur de la tige, masse de la sphère, raideur du ressort) et de l'angle θ(t). Ces énergies dépendent bien de θ(t) et pas seulement de θ, puisque intervient non seulement θ mais aussi sa dérivée par rapport au temps (vitesse de la sphère).

On a fait le choix, ici, de saisir les énergies sous forme de fonctions du temps. On aurait pu choisir de les définir comme des expressions.

La saisie de ces trois énergies se fait donc tout simplement ainsi (et voilà les premières lignes de notre session) :

```
>restart;
>Epr:=t->1/2*k*theta(t)^2;
```

$$Epr := t \rightarrow \frac{1}{2} k\theta(t)^2$$

```
>Epb:=t->m*g*l*cos(theta(t));
```

$$Epb := t \rightarrow mgl\cos(\theta(t))$$

```
>Ec:=t->1/2*m*(l*D(theta)(t))^2;
```

$$Ec :: = t \rightarrow \frac{1}{2} ml^2 D(\theta)(t)^2$$

La première ligne, restart, appelle un petit commentaire. Cette instruction indique à Maple : oublie toutes les fonctions que j'ai saisies, toutes les variables que j'ai définies, etc., comme si une nouvelle feuille venait juste d'être ouverte. L'intérêt de mettre une telle instruction en début de feuille est le suivant. En cours de travail, si l'on veut repartir d'une situation nette, il suffit de remonter en haut de la feuille, de revalider toutes les lignes les unes après les autres. Maple n'aura en mémoire que ce que vous verrez à l'écran et pas, des choses que vous écrites, validées puis effacées ou modifiées.

3. Equation du mouvement

Problème posé :

Le but de ce paragraphe est d'obtenir l'équation différentielle du mouvement de la sphère, lâchée sans vitesse initiale, écartée d'un angle θ_0 de sa position initiale, verticale. Nous supposons qu'il n'y a aucun frottement dans ce système.

Solution adoptée :

On écrit la conservation de l'énergie mécanique du système. Pour cela, on définira Em, somme de Epr, Epb et Ec. On la dérivera par rapport à t et on la dira égale à 0.

```
>Em:=Ec+Epr+Epb;
```

Em:=Ec+epr+epb

```
>Eq:=D(Em);
```

$$Eq := (t \rightarrow ml^2 D(\theta)(t) D^{(2)}(\theta)(t)) + (t \rightarrow k\theta(t) D(\theta)(t)) \\ + (t \rightarrow -mgl\sin(\theta(t)) D(\theta)(t)$$

Puisque Ec, Epr et Epb étaient des fonctions, Em était également une fonction et donc Eq est aussi une fonction. Pour y voir un peu plus clair, demandons à Maple la valeur de Eq(t) :

```
>Eq(t);
```

$$ml^2 D(\theta)(D^{(2)}(\theta)(t)) + k\theta(t) D(\theta)(t) - mgl\sin(\theta(t)) D(\theta)(t)$$

Appelons Eqmvt l'équation différentielle du mouvement :

```
>Eqmvt:=Eq(t)=0;
```

$$Eqmvt = ml^2 D(\theta) D^{(2)}(\theta)(t) + k\theta(t) D(\theta)(t) - mgl\sin(\theta(t)) D(\theta)(t) = 0$$

Il faut encore simplifier par D(θ)(t) :

```
>Eqmvt:=simplify(Eq(t)/D(theta)(t)=0);
```

$$Eqmvt = ml^2 D^{(2)}(\theta)(t) + k\theta(t) - mgl\sin(\theta(t)) = 0$$

On a donc maintenant l'équation différentielle du mouvement.

4. Résolution de l'équation différentielle du mouvement

Problème posé :

A ce stade, il faut résoudre l'équation différentielle du mouvement. Ni Maple ni vous ne pouvez résoudre cette équation. A la main, on linéariserait sin(θ), en considérant que θ reste suffisamment petit. Là nous allons demander à Maple de résoudre numériquement Eqmvt.

Les conditions initiales sont θ(0)=π/3 et une vitesse initiale nulle.

On veut un tracé de θ(t) sur t =0 à 5 secondes ainsi qu'une estimation de la période du mouvement.

Solution adoptée :

On utilise l'instruction dsolve (cf. chapitre 8) pour résoudre notre équation différentielle :

```
>Y:=dsolve({Eqmvt,D(theta)(0)=0,theta(0)=Pi/3},theta(t),numeric);
Y:=proc(rkf45_x) ... end
```

On va maintenant entrer les valeurs numériques de notre problème pour pouvoir dessiner θ(t) :

```
>g:=9.81:m:=0.2:k:=0.3:l:=0.15:
```

On peut tracer θ(t) :

```
>with(plots):
>odeplot(Y,[t,theta(t)],t=0..5]);
```

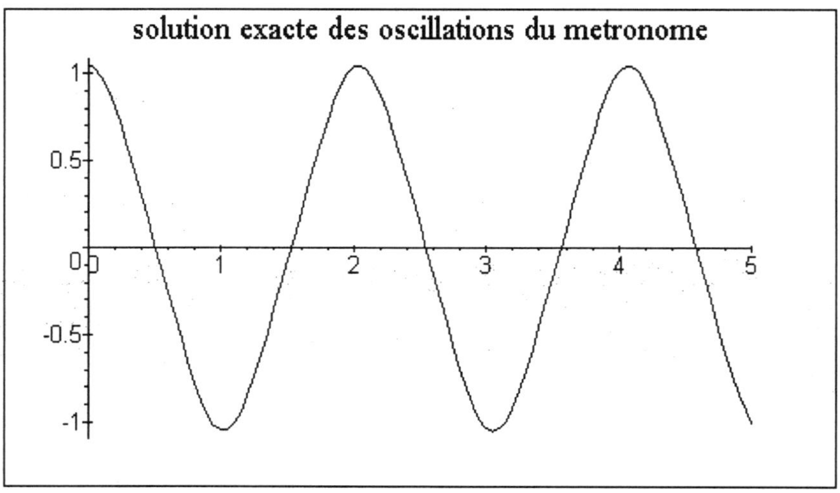

On voit que la période est approximativement d'une seconde, et que notre métronome oscille donc à 60 pulsations par minute.

5. Etude des positions d'équilibre si le ressort est très souple

Problème posé :

Nous ne nous intéressons plus aux oscillations d'un métronome mais aux positions d'équilibre éventuelles du système quand le ressort est très souple. On veut déterminer le plus rapidement possible, leur nombre, une valeur approchée de l'angle et leur stabilité.

Les valeurs numériques des constantes sont : g=9.81, l=0.15, m=0.01, k=0.002.

Solution adoptée :

Nous allons utiliser des méthodes graphiques, extrêmement puissantes pour l'étude des positions d'équilibre.

Les résultats théoriques que nous allons utiliser sont les suivants :

- les positions d'équilibre correspondent aux extréma locaux de l'énergie potentielle ;
- les positions d'équilibres stables correspondent aux minima locaux, les positions instables aux maxima locaux.

Continuons notre session :

```
>restart;
```

Nous pouvons utiliser restart puisque nous ne nous servirons d'aucun des résultats antérieurs et qu'ainsi toutes les variables (m, g, l...) sont désaffectées, toute la mémoire est libérée.

Ecrivons l'énergie potentielle du système (sous forme d'expression) :

```
>Ep:=1/2*k*theta^2+m*g*l*cos(theta);
```

$$Ep := \frac{1}{2} k \theta^2 + m g l \cos(\theta)$$

Traçons cette énergie potentielle :

```
>plot(Ep,theta=-5*Pi..5*Pi);
```

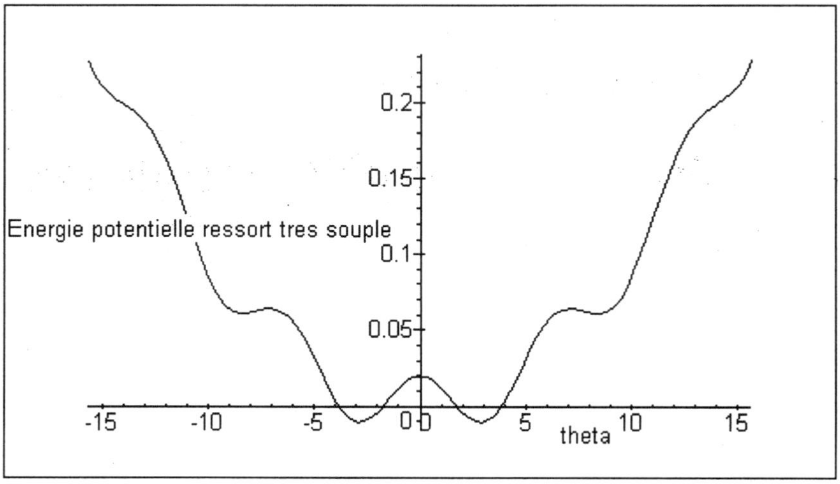

On a donc, a priori, trois positions d'équilibre symétriques (ce qui n'est pas surprenant puisque le problème était symétrique) de chaque côté de θ=0. La quatrième n'est pas très claire. Il est difficile de voir si il s'agit d'un extréma ou non.

Pour être plus certain, on va tracer la dérivée de Ep et regarder les points où elle s'annule (l'annulation de la dérivée correspond à un extremum).

```
>dEp:=diff(Ep,theta):plot(dEp,theta=-5*Pi..5*Pi,'dérivée énergie potentielle')
```

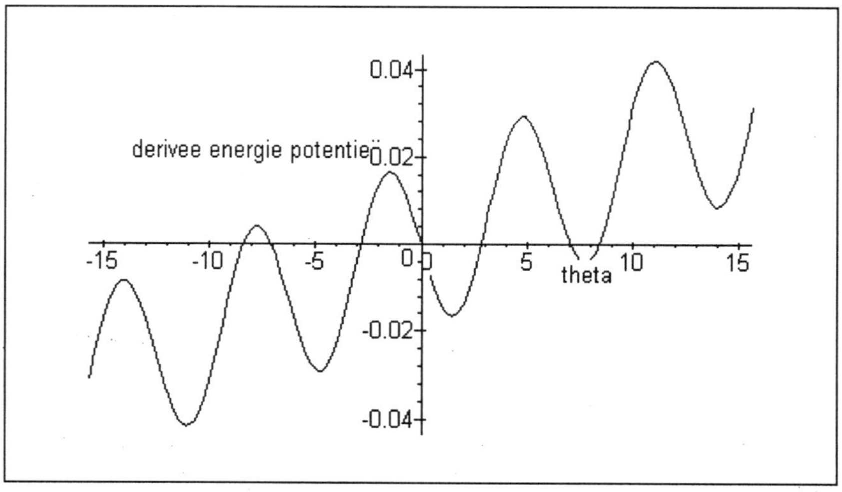

Il n'y a donc bien que 7 positions d'équilibre en tout (3 pour θ<0, 3 pour θ>0 et 1 pour θ=0).

Pour avoir des valeurs numériques aussi précises que souhaité de ces 7 valeurs de θ, il est possible d'utiliser la méthode exposée au chapitre 7, paragraphe "Une méthode pour avoir "tous" les zéros d'une expression numériquement", page 80)

Etudions enfin la stabilité en traçant la dérivée seconde de l'énergie potentielle :

```
>ddEp:=diff(dEp,theta):plot(ddEp,theta=-5*Pi..5*Pi,'Dérivée seconde');
```

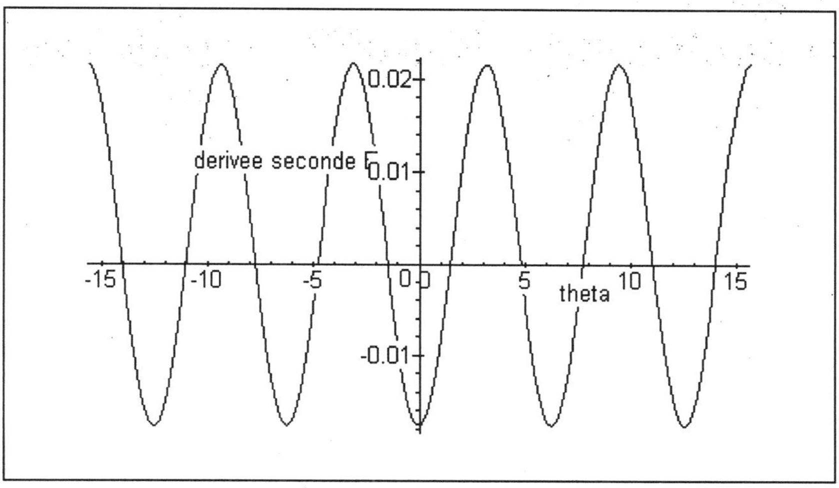

On voit donc (en considérant le signe de la dérivée seconde) que la première position d'équilibre est stable, la deuxième instable, la troisième stable.

Chapitre 12
Utilisation de l'aide intégrée

1. Présentation

Il existe des milliers de fonctions disponibles sous Maple. Pour chacune de ces fonctions, il peut exister jusqu'à une dizaines d'options différentes. Il est donc impossible de connaître toutes ces fonctions. Et pourtant toutes peuvent se révéler utiles.

Les concepteurs de Maple ont donc intégré un fichier d'aide à leur logiciel. Ce fichier est extrêmement complet. Il existe, de plus, plusieurs moyens de chercher l'information désirée dans ce fichier d'aide.

Il ne faut donc jamais hésiter à se reporter fréquemment à l'aide en ligne, c'est le moyen le plus sûr et le plus rapide de vérifier la syntaxe exacte d'une instruction, ou bien l'instruction à utiliser pour réaliser telle ou telle tâche.

2. Description d'une page d'aide

Chaque fonction Maple est décrite par une page d'aide, toujours organisée selon le même schéma. Décrivons ce schéma en nous appuyant sur la fonction int :

On trouve en premier le nom de la fonction et une brève description :

FUNCTION : int or Int - Definite and Indefinite Integration

On a ensuite la syntaxe de l'instruction :

CALLING SEQUENCES :

int(f, x) Int(f, x)

int(f, x=a..b, ...) Int(f, x=a..b, ...)

PARAMETERS :

f - an algebraic expression or a procedure, the integrand

x - a name

etc.

On trouve ensuite la description complète de la fonction, au sein de synopsis

SYNOPSIS :

- The function int computes the indefinite or definite integral of the expression f with respect to the variable x. The name integrate is a synonym etc.

Et enfin et surtout une liste d'exemples. La plupart du temps, il suffit de regarder ces exemples pour obtenir le renseignement voulu.

EXAMPLES :

```
>int( sin(x), x );
                    - cos(x)
```

etc.

Pour finir, on a une liste des fonctions relatives au même sujet.

SEE ALSO : diff, evalf, series, limit, iscont, student[Int], fourier, laplace,

3. Comment trouver de l'aide sur un sujet ?

3.1 Utilisation de la commande ?

La commande ? permet d'obtenir de l'aide sur une instruction dont on connaît le nom. Imaginons, par exemple, que l'on veuille résoudre une équation, que l'on sache que l'instruction à utiliser est solve, mais que l'on ne se souvienne plus de la syntaxe exacte de solve.

On pourra alors taper :

```
>?solve
```

Maple ouvrira la page d'aide de la fonction solve. Notez deux choses :

- il n'y a pas de ; à la fin de cette instruction ;
- il n'est pas possible d'utiliser cette commande en mode programmation. Maple intégrerait en effet, cet appel à l'aide comme une instruction de notre procédure.

Il est possible d'utiliser cette syntaxe même si l'on ne se souvient pas exactement de l'orthographe de l'instruction. Maple proposera alors des choix possibles (en fait il proposera toutes les instructions commençant par la partie de mot tapée) :

```
>?sol
Try one of the following topics:
{solve,solvable}
```

3.2 Recherche en texte intégral

Quand on ne connaît pas le nom de l'instruction qu'il faut utiliser, il est possible de demander à Maple d'afficher toutes les pages contenant un mot clé saisi par l'utilisateur.

3.2.1 Recherche en texte intégral avec Maple 5.3

Pour effectuer une recherche en texte intégral, il faut utiliser keyword search dans le menu help. On saisit alors le mot clé voulu et Maple affiche les noms de toutes les pages où ce mot apparaît.

Si on recherche, par exemple, integrat, on obtient ceci :

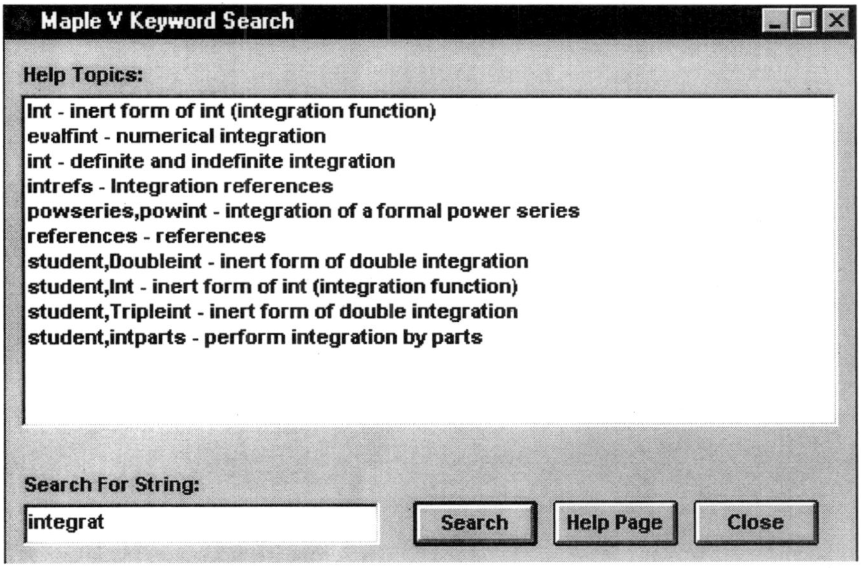

Il y a donc dix pages d'aide contenant le mot integrat. Il suffit de double cliquer sur une des lignes pour afficher la page d'aide complète correspondant.

3.2.2 Recherche en texte intégral avec Maple 5.4

Full text search dans la version 5.4 est le pendant exact de keyword search:

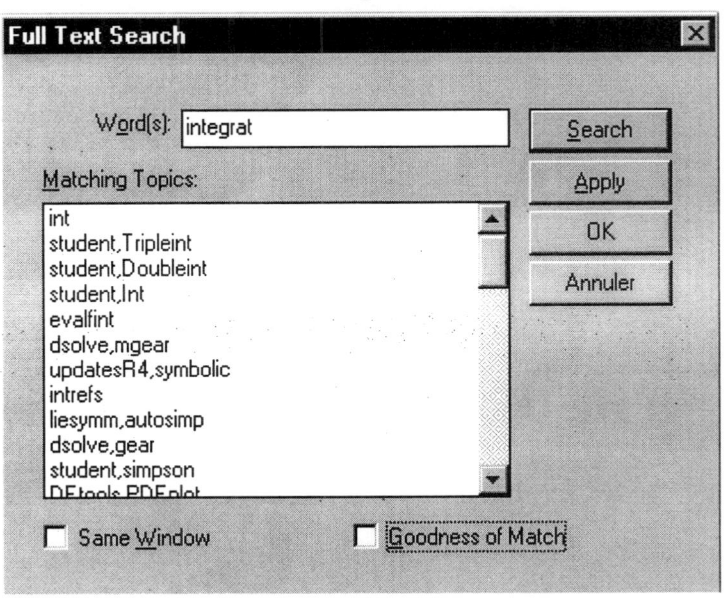

Il suffit de même alors de double-cliquer sur la page qui nous intéresse.

3.3 Utilisation du browser

Les deux premières manières d'accéder à l'aide sont des manières très classiques sous Windows. L'utilisation du browser est plus inhabituelle mais très puissante. L'utilisateur réduit progressivement le domaine de recherche afin d'obtenir l'information recherchée.

3.3.1 Utilisation du browser avec Maple 5.3

Il faut utiliser browser dans le menu help. Cinq colonnes apparaissent alors, du plus général à gauche au plus particulier à droite. Imaginons que l'on recherche une instruction pour créer une matrice de Vandermonde par le browser :

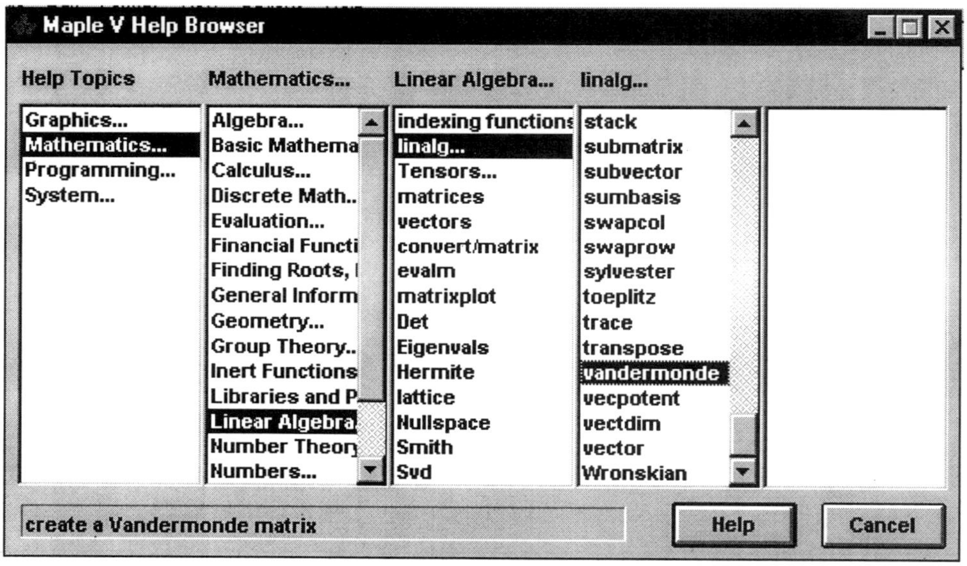

On a donc commencé par choisir, dans la colonne la plus à gauche, entre graphics, mathematics, programming et system. Puisque l'on a choisi mathematics (catégorie à laquelle appartient a priori la fonction recherchée), la deuxième colonne contient les sous-catégories de mathematics. On a choisi ensuite Linear Algebra et ainsi de suite jusqu'à arriver à Vandermonde. Il n'y a plus qu'à double-cliquer sur Vandermonde pour accéder à la page d'aide correspondante.

3.3.2 Utilisation de contents sous Maple 5.4

Sous Maple 5.4, l'équivalent du browser est la fonction contents. En choisissant l'option contents dans le menu help, on obtient la page suivante:

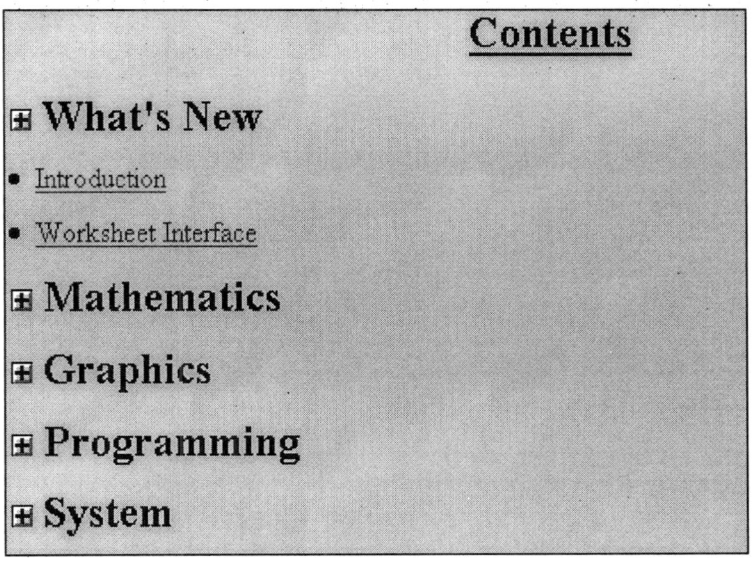

Vous retrouvez donc l'équivalent de la première colonne du Browser. pour développer un sujet il suffit de cliquer sur le signe + à gauche de celui-ci, pour le réduire de recliquer sur ce signe.

Chapitre 13

Maple en bref

1. Introduction

Ce chapitre est une synthèse de l'ensemble de ce livre. Vous y trouverez l'essentiel des notions que nous avons vues, sous une forme extrêmement synthétique. Son propos est de vous permettre de retrouver très rapidement les informations que vous pourriez avoir oubliées.

Dans ce chapitre, les exemples seront toujours en italique. Les mots-clés[5] seront toujours en gras, leurs paramètres en caractères réguliers.

2. Utilisation de l'aide

Il est important de penser à consulter l'aide. En effet, il y a plusieurs milliers de fonctions sous Maple, qui ne sont bien sûr pas toutes décrites dans ce livre. D'autre part, c'est le moyen le plus rapide de vérifier la syntaxe d'une fonction ou les différentes options associées[6].

Il y a trois moyens principaux de consulter l'aide :

- ?Motclé (Maple 5.3 et 5.4): affiche la page d'aide concernant la fonction recherché: ex *?ifactor*
- Browser (Maple 5.3) ou Contents (Maple 5.4): effectue la recherche d'aide en restreignant progressivement l'étendue du domaine de recherche
- Keyword search (Maple 5.3) ou Full text search (Maple 5.4): cherche le mot clé dans toutes le pages d'aide

<u>Attention</u> : Il est impossible d'utiliser l'aide en mode programmation (i.e. après avoir tapé **proc** et avant d'avoir fermé le mode procédure par **end;**), puisqu'en mode programmation, Maple n'affiche rien.

---

[5]Mots réservés par Maple

[6]Penser à regarder systématiquement les exemples, souvent très instructifs

3. Programmation

3.1 Structure général d'une procédure

```
Nomproc:=proc(param1,param2,param3,...,paramn)
local loc1,loc2,loc3,...,locn;
global glob1,glob2,glob3,...,globn;
instruct1;
instruct2;
...............;
instructn;
RETURN(variable)[7];
end;
```

Remarque : A la fin d'une procédure (donc après avoir tapé end;), Maple doit réécrire le texte de la procédure, sinon c'est l'indice d'un problème.

3.2 Structures de boucle

3.2.1 Boucle "for"

La boucle "for" permet de faire exécuter n fois un ensemble d'instructions à Maple.

```
for compteur from debut to fin by pas do
    instruct1;
    instruct2;
    ...............;
    instructn;
od;
```

Maple va donc faire varier la variable "compteur" de debut jusqu'à fin par incrément de "pas" en exécutant à chaque fois les instructions comprises entre le **do** et le **od**.

[7]Si on utilise ensuite la procédure nomproc avec une instruction du type y:=nomproc(a,b,c...), RETURN indique quelle valeur il faudra stocker dans y (ce sera la valeur qu'avait "variable" au sein de la procédure.

Exemple :

```
s :=0;
for i from 0 to 20 by 2 do
s :=s+i;
od;
```

Après exécution de ces lignes, il y aura dans s la somme des 12 premiers nombres pairs, soit 110.

3.2.2 boucle "while"

La boucle "while" permet de faire répéter à Maple un ensemble d'instructions tant qu'une condition est vraie.

while condition **do**

    instruct1;
    instruct2;
    ....;
    instructn;

od;

Exemple :

```
u :=5
i :=0;
while u<100 do
        i :=i+1;
        u :=2*u+4;
od;
```

Soit u_n la suite définie par $u_{n+1}=2*u_n+5$. Maple à l'issue de cette boucle aura stocké dans i le rang au terme duquel la suite u_n aura dépassé 100.

3.3 Structures conditionnelles

L'instruction "if" permet de faire exécuter à Maple deux suites d'instruction différentes en fonction d'une condition.

```
if condition then
        instruct1;
        instruct2;
        ..............;
        instructn;
        else
        instruct1;
        instruct2;
        ..............;
        instructn;
fi;
```

Si la condition est vraie, Maple va exécuter toutes les instructions comprises entre then et else puis sauter directement au fi.

Si la condition est fausse, Maple va sauter à else puis exécuter toutes les instructions comprises entre else et fi.

Remarques :

L'instruction else n'est pas obligatoire. En son absence, si la condition est fausse, Maple saute directement au fi.

4. Fonctions & expressions

4.1 Expressions

Les principales fonctions pour manipuler les expressions sont :

– **collect(**expression,x): réordonne l'expression en x ;

– **expand(**expression): développe l'expression ;

– **subs(**equation,expr): effectue la substitution indiqué par equation.

exemple : *subs(x=y+1,x**2+2*x+3); renvoie* $(y+1)^2+2*(y+1)+3;$

– **diff(**expression,x): différentiation d'une expression par rapport à x.

4.2 Fonctions

Une fonction se saisit ainsi :

f :=x->x**2 pour une fonction d'une variable

f :=(x,y)->x**2+2*y**2 pour une fonction de plusieurs variables

Fonctions utiles pour manipuler les fonctions :

- **D**[i](f): dérive f par rapport à la $i^{ème}$ variable et renvoie une fonction ;
- **limit(**f(x),x=a,dir**)**: calcule la limite de f en a, à gauche si dir est left, à droite si dir vaut right ;
- **taylor(**f(x),x=a,n**)**: calcule la série de Taylor de f en a à l'ordre n (en notation de Landau) ;
- **int(**f(x),x**)**: calcule une primitive de f par rapport à x ;
- **int(**f(x),x=a..b**)**: calcule l'intégrale de f entre a et b (utiliser evalf si Maple ne sait pas faire le calcul de manière exacte).

4.3 Résolution d'équations

- **solve(**equation,variable**)**: résout de manière exacte l'équation selon l'inconnue précisée en deuxième position (ou essaie de la résoudre...) ;
- **fsolve(**equation,variable,variable=a..b**)**: recherche **une** solution approchée de l'équation dans l'intervalle [a,b].

Remarque :

Dans solve, on peut, pour résoudre les systèmes, remplacer l'équation par un ensemble d'équations et la variable inconnue par un ensemble d'inconnues.

Exemples :

solve(x^2=2,x);

fsolve(cos(x)=x,x=0.5..0.7);

*solve({x+2*y=3,x-y=4},{x,y});*

4.4 Résolution d'équations différentielles

On peut résoudre les équations différentielles de manière exacte ou de manière numérique (si la résolution exacte a échoué).

- **dsolve(**equation,fonctioninconnue**)**: résout de manière exacte l'équation différentielle. Si on souhaite incorporer les conditions initiales, il faut remplacer l'équation par un ensemble formé de l'équation et des conditions initiales ;
- f:=**dsolve(**equation,fonctioninconnue,numeric**)**: résout numériquement et stocke dans f la résolution numérique.

Exemples :

Résolution de : $y'(x)*\sin(x)-\cos(x)*y(x)=e^x*\sin^2(x)$

*dsolve(sin(x)*D(y)(x)-cos(x)*y(x)=exp(x)*(sin(x))**2,y(x));*

Avec comme condition initiale y(0.5)=1 :

*dsolve({sin(x)*D(y)(x)-cos(x)*y(x)=exp(x)*(sin(x))**2,y(0.5)=1},y(x));*

Résolution numérique :

f:=dsolve(D(y)(x)=abs(y(x)-x),numeric);

on peut alors calculer f(x0) pour x0 quelconque.

Pour tracer la solution sur [a,b] :with(plots) :odeplot(f,[x,y(x)],a..b);

5. Liste de fonctions utiles sous Maple:

5.1 Les types de base

5.1.1 Les entiers

fonction :	**description :**	**exemple :**
assume(n,option)	suppose un entier (ou un nombre quelconque) d'un certain type pour la suite des calculs	assume(n,posint) : suppose n positif pour la suite des calculs
abs(n)	valeur absolue	abs(-4); renvoie 4
!	factorielle	3!; renvoie 6
ifactor(n)	décomposition en facteurs premiers	ifactor(8); renvoie (2)^3
igcd(n1,..,nk)	renvoie le PGCD de n1,..,nk	
ilcm(n1,...,nk)	renvoie le PPCM de n1,..,nk	
irem(a,b)	reste de la division entière de a par b	irem(5,2) donne 1
iquo(a,b)	quotient de la division entière de a par b	iquo(5,2) donne 2
max(n1,...,nk)	maximum de n1,..,nk	
min(n1,...,nk)	minimum de n1,...,nk	

5.1.2 Les rationnels

fonction :	**description :**	**exemple :**
numer(q)	renvoie le numérateur de q	numer(2/3) renvoie 2
denom(q)	renvoie le dénominateur de q	denom(2/3) renvoie 3

abs(q)	valeur absolue de q	

5.1.3 Les réels

fonction :	**description :**	**exemple :**
evalf(r,n)	évalue et donne la forme décimale de r avec n chiffres	evalf(sqrt(2),4) donne 1.414
Pi	nombre π (attention à la majuscule!)	evalf(sin(Pi)) donne 0
infinity	l'infini	s'utilise comme un nombre quelconque
-infinity	moins l'infini	
trunc(r)	renvoie la partie entière de r	trunc(2.3) donne 2

5.1.4 Les complexes

fonction :	**description :**	**exemple :**
csgn(z)	renvoie 1 si Re(z)>0 ou (Re(z)=0 et Im(z)>0) renvoie 0 si z=0 renvoie -1 si Re(z)<0 ou (Re(z)=0 et Im(z)<0)	
evalc(z)	calcule z sous la forme a+I*B	
I	nombre complexe i (attention à la majuscule!)	
Im(z)	renvoie la partie imaginaire de z (attention à la majuscule!)	Im(3+I*4); renvoie 4
Re(z)	renvoie la partie réelle de z (attention à la majuscule!)	Re(3+I*4); renvoie 3
abs(z)	renvoie la norme de z	abs(3+4*I) renvoie 5
conjugate(z)	renvoie le conjugué de z	conjugate(3+4*I) renvoie 3-4*I

5.1.5 Les polynômes

Pour tous les exemples, P :=1+2*X+3*X^2

fonction :	description :	exemple :
sort(P)	réordonne P et l'affecte à P	sort(P), dorénavant P est 3*X^2+2*X+1
nops(P)	nombre de termes dans P	nops(P) renvoie 3
coeff(P,x,k)	renvoie le coefficient de x^k dans P	coeff(P,X,2) renvoie 3
degree(P,v)	degré de P par rapport à la variable v	degree(P,X) renvoie 2
ldegree(P,v)	valuation de P par rapport à v	
+,-,*	additionne, soustrait, multiplie deux polynômes	
^n	élève un polynôme à la puissance n	
quo(P,Q,x)	quotient de la division euclidienne de P par Q, P et Q étant des polynômes en x	
rem(P,Q,x)	reste de la division euclidienne de P par Q	
gcd(P,Q)	PGCD de P et Q	
collect(P,v)	ordonne P en polynôme de la variable v	
expand(P)	développe le polynôme P	

5.2 Structures

5.2.1 Ensemble

fonction :	description :	exemple :
{}	ensemble vide	
union	union de deux ensembles	A union B
intersect	intersection de deux ensembles	A intersect B
minus	différence de deux ensembles	A minus B
member(x,A)	teste si x appartient à A	

5.2.2 Tableaux

fonction :	**description :**	**exemple :**
T :=array(1..m,1..n)	création d'un tableau de m lignes et n colonnes	
T :=array(1..m,1..n, [[ ]])	création d'un tableau de m lignes n colonnes et définition de ses éléments	T :=array(1..2,1..3,[[a,b,c],[d,e,f]]); T vaut alors : $\begin{bmatrix} a & b & c \\ d & e & f \end{bmatrix}$
T[l,c]	Elément T_{lc} de T ($l^{ème}$ ligne et $c^{ème}$ colonne)	
print(T)	affiche T sous forme matricielle	

5.2.3 Les matrices

Nécessite l'usage du package linalg (entrer with(linalg)).

fonction :	**description :**	**exemple :**
A :=matrix(m,n,[a, b,c,d,e,...])	crée une matrice de m lignes, n colonnes. a,b,c,d ... sont les éléments de la matrice saisis de gauche à droite et de haut en bas	
A[l,c]	élément A_{llc} de la matrice A	
print(A)	affiche A sous forme matricielle	
+,-	addition et soustraction de matrices	A-B, A+B
&*	multiplication de matrices	A&*B
evalm(A)	permet d'obtenir le résultat des calculs précédents	
det(A)	calcule le déterminant de A	
eigenvals(A)	valeurs propres de A	

eigenvects(A)	vecteurs propres de A, sous forme de liste avec dans l'ordre : valeur propre, ordre de multiplicité, base de l'espace propre associé	

5.3 Fonctions diverses

fonction :	**description :**	**exemple :**
sum(f(k),k=a..b) a et b entiers	effectue la somme f(a)+f(a+1)+...+f(b)	sum(k,k=1..4); renvoie 10
sum(f(k),k=a..b) a et b symboliques	calcule la somme formelle de f(a)+f(a+1)+...+f(b)	sum(k,k=1..n); renvoie n(n+1)/2
sum(f(k),k=a..b) a et b pouvant être infinis	calcule la somme formelle de la série	sum(1/k^2,k=1..inifinity); renvoie $\pi^2/6$
product(f(k),k=a..b)	s'emploie de la même manière que sum mais calcule des produits	product(k,k=1..3); renvoie 6

Index

Imprimé en France
par MAME Imprimeurs à Tours
Dépôt légal Janvier 1998 (n° 97122146)